Ho'oponopono
e as Constelações Familiares

Dados Internacionais de Catalogação na Publicação (CIP)
(Câmara Brasileira do Livro, SP, Brasil)

Duprée, Ulrich E.
  Ho'oponopono e as constelações familiares : para relacionamentos, amor e perdão / Ulrich E. Duprée ; tradução Marcelo Brandão Cipolla. — São Paulo : Pensamento, 2019.
  Título original: Ho'oponopono and family constellations.
  ISBN 978-85-315-2052-5
  1. Autoconhecimento 2. Conflitos familiares 3. Família — Relacionamentos 4. Ho'oponopono — Técnica de cura 5. Medicina alternativa — Hawai 6. Perdão I. Título.

19-23760   CDD-615.8528

Índices para catálogo sistemático:
1. Poder de cura : Ho'oponopono : Terapia alternativa
615.8528
Cibele Maria Dias — Bibliotecária — CRB-8/9427

Ulrich E. Duprée

Ho'oponopono

e as Constelações Familiares

Para relacionamentos, amor e perdão

Tradução
Marcelo Brandão Cipolla

Editora Pensamento
SÃO PAULO

Título do original: *Ho'oponopono and Family Constellations*.
Copyright © 2015 Schirner Verlag, Darmstadt.
Copyright da edição em inglês © 2017 Earthdancer GmbH.
Publicado originalmente em alemão como *Ho'oponopono und Familienstellen — Beziehungen verstehen*, in Liebe vergeben, Heilung erfahren.
Copyright da edição brasileira © 2019 Editora Pensamento-Cultrix Ltda.
1ª edição 2019. / 3ª reimpressão 2023.

Todos os direitos reservados. Nenhuma parte deste livro pode ser reproduzida ou usada de qualquer forma ou por qualquer meio, eletrônico ou mecânico, inclusive fotocópias, gravações ou sistema de armazenamento em banco de dados, sem permissão por escrito, exceto nos casos de trechos curtos citados em resenhas críticas ou artigos de revista.

A Editora Pensamento não se responsabiliza por eventuais mudanças ocorridas nos endereços convencionais ou eletrônicos citados neste livro.

As informações contidas neste livro devem ser usadas sobretudo para desenvolver e promover o caráter pessoal e para curar os relacionamentos. As diretrizes apresentadas foram estudadas e testadas com todo o cuidado e devem ser utilizadas para estimular o poder de autocura do leitor. Este livro não substitui um atendimento médico. Por isso, todas as informações nele contidas são apresentadas sem nenhuma espécie de garantia por parte do autor ou da editora. O autor e/ou a editora e seus representantes não podem, portanto, aceitar qualquer responsabilidade por lesões, perdas ou danos ocorridos quer com pessoas, quer com bens. Agradecemos por haver adquirido este livro. Andrea Bruchacova e eu usamos parte dos lucros destes livros e seminários para apoiar um projeto escolar na Índia que proporciona educação, alimento e vestuário às crianças.

Editor: Adilson Silva Ramachandra
Gerente editorial: Roseli de S. Ferraz
Preparação de originais: Karina Gercke
Produção editorial: Indiara Faria Kayo
Editoração eletrônica: Mauricio Pareja Silva
Revisão: Vivian Miwa Matsushita

Direitos de tradução para o Brasil adquiridos com exclusividade pela
EDITORA PENSAMENTO-CULTRIX LTDA., que se reserva a
propriedade literária desta tradução.
Rua Dr. Mário Vicente, 368 — 04270-000 — São Paulo — SP
Fone: (11) 2066-9000
http://www.editorapensamento.com.br
E-mail: atendimento@editorapensamento.com.br
Foi feito o depósito legal.

SUMÁRIO

SEPARAR E UNIR — PARTE 1 11

A Constelação Familiar 17
Uma breve apresentação 17
O que é uma constelação? 18
O objetivo da constelação 23
    A paciência e a "dose" correta 24
Como os sistemas se formam 25
    O ecossistema e a "casa" em que vivemos 26
    Nosso objetivo comum 31
    Para alcançar mais rápido a meta — ou: um pouco de ordem não faz mal a ninguém 35
Os elementos de uma constelação 37
    Cliente e foco 37
    O terapeuta 38
    Imparcialidade 38
    A questão, informações e aspectos essenciais 39
    O grupo, o "campo" e os representantes 43
A constelação — trabalho prático com âncoras de solo 45
    Preparação 45

Constelação, Ato 1 — arranjo inicial.................................	46
Constelação, Ato 2 — movimento	48
Constelação, Ato 3 — elucidação e resolução	49
Outros fatores	51
A família	51
Ordem e sequência...	56
Erro no sistema — a exclusão e os problemas que ela causa	62
Ambiente	65
Ho'oponopono	71
O que é?	71
O sentido da palavra	71
Colocando as coisas em ordem novamente	72
Restabelecendo a ordem cósmica	72
Ordem perfeita — por dentro e por fora	73
Correto para você, correto para mim	74
As tradições históricas do *ho'oponopono*........................	75
O ho'oponopono xamânico: curando o corpo	75
O ho'oponopono tradicional: curando os relacionamentos	76
O ho'oponopono moderno: ajudando você a se ajudar	78
O ho'oponopono simplificado: a fórmula da paz em quatro frases	79
Quem ou o que é curado no *ho'oponopono*?..................	82
Causas e problemas	83
O amor e a Origem	84
Unindo e Liberando — as Constelações Familiares e o *Ho'oponopono*	89
A paz começa comigo	89
Huna e os ensinamentos xamânicos do Havaí	90
Ike — ponto de vista: o mundo é subjetivo	91

Makia — foco: a energia segue a atenção	94
Kala — liberdade: não existem fronteiras, apenas oportunidades	95
Mana — energia: um por todos e todos por um	96
Manawa — a hora é agora: toda força à frente	99
Aloha — amor: ser feliz com as coisas como são	102
Pono — flexibilidade: a eficácia é o critério da credibilidade	103
Ohana — a família exterior	106
Aumakua — os antepassados	107
Curando o relacionamento com os pais por meio do perdão	108
Os registros ancestrais como um *download*	110
Uma reunião familiar sobre o nascimento	114
Os pais, os anciãos, os sábios e os mestres	116
Os três "eus" — a família interior	117
Unihipili — o eu inferior, o subconsciente e a criança interior	118
Uhane — o eu intermediário	120
Aumakua — o eu superior	123
O perdão é a chave	124
Seguindo uma nova fórmula	128
Instalando uma nova vida	129
Um exemplo	131
SEPARAR E UNIR — PARTE 2	**137**
Apêndice	141
A reunião familiar havaiana em detalhes	141
Listas úteis	148
Glossário	150
Agradecimentos	152
Créditos das imagens	152

Este livro é dedicado aos meus pais.

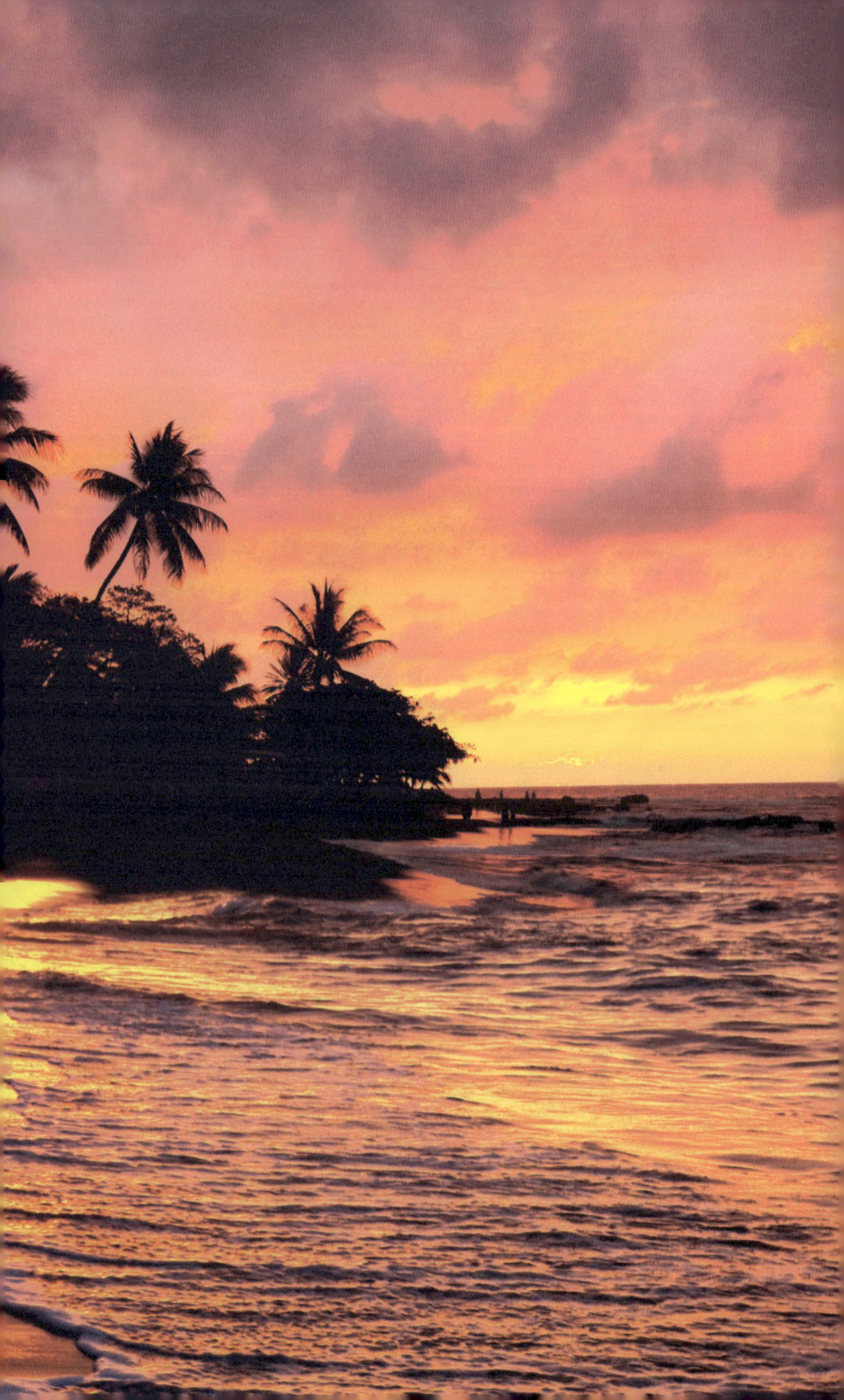

Separar e Unir — Parte 1

Todos nós nos esforçamos para ser felizes. No entanto, às vezes isso não é fácil — tenho certeza de que você, como eu, já viveu um amor não correspondido, sofrimentos e decepções e brigou por motivos banais. Pode ser que, em certos momentos, você simplesmente não sabia como continuar vivendo ou tenha caído no mais completo desespero. Já estive em situações como essas e tenho certeza de que você também esteve, de uma maneira ou de outra. As circunstâncias podem variar, mas os sentimentos incômodos e persistentes são sempre os mesmos — e todos nós podemos nos livrar deles. Este livro é para você, para aqueles que dão e recebem ajuda, para aqueles que gostariam de levar uma vida feliz e harmoniosa, de construir relacionamentos amorosos e alcançar riquezas materiais e espirituais. Nas páginas a seguir você encontrará dois instrumentos excelentes que o ajudarão a alcançar tudo isso: as constelações familiares ou sistêmicas e o *ho'oponopono*, o ritual havaiano do perdão. Com esses instrumentos, você será capaz de tirar os obstáculos de seu caminho e dar um pequeno passo rumo a seus objetivos.

Na qualidade de experiente terapeuta e condutor de seminários, gostaria de lhe mostrar o que você pode fazer para (1) libertar-se de tudo aquilo que o atrasa na vida e (2) curar seus relacionamentos. Assim, terá a oportunidade de alcançar mais sucesso; só quando temos um bom relacionamento conosco, com nossos semelhantes, com a natureza e com nossas origens espirituais podemos alcançar o sucesso. No fim das contas, são sempre nossos semelhantes que nos abrem portas.

As coisas mais importantes que você encontrará neste livro — além de algumas digressões pelo mundo da psicologia social e comportamental — são instruções simples para constelações familiares e/ou constelações sistêmicas, seguidas por uma descrição do *ho'oponopono*, a reunião familiar havaiana. Os próprios termos "constelação familiar" e "reunião familiar" dão uma pista de como as duas abordagens veem a pessoa e os desafios que enfrenta — não isoladamente, mas no contexto de suas circunstâncias. Ao mesmo tempo, você usará exercícios práticos para aprender como combinar essas duas abordagens, tanto para seu próprio benefício como para o bem de todos ao redor. A combinação de elementos individuais para formar um conjunto ainda mais poderoso foi a abordagem adotada por Paracelso (1493-1541), médico, filósofo e místico; essa abordagem foi chamada de "espagiria" (do grego *spao*, "separar", e *ageiro*, "unir"). Esse método de cura natural faz uso de práticas farmacêuticas e terapêuticas baseadas em fórmulas e receitas muito antigas que foram transmitidas no decorrer das eras — como a preparação de pomadas que só manifestam seu poder curativo quando certas ervas são combinadas.

Em nossa viagem pelas 152 páginas deste livro, seguiremos os princípios de grandes filósofos como Sócrates e Sêneca, que nos ensinam (1) a descobrir quem nós somos e (2) a ser exatamente a pessoa que somos. A esta altura, você já terá percebido que o tema básico deste livro é a autoconsciência; você descobrirá certas coisas sobre si mesmo e elas farão toda a diferença. Como toda ciência tem um lado teórico e um lado prático, sugeri soluções possíveis para os exercícios apresentados neste livro e acrescentei algumas histórias e estudos de caso para que você seja capaz de ver e sentir resultados concretos desde o começo. Uma dica: recomendo que separe um caderno, talvez um caderno universitário, em que possa registrar suas descobertas; essa abordagem metódica ajudará a ancorar o conhecimento que você adquirir. Iremos seguir os grandes mestres do ayurveda, que sempre experimentavam seus tratamentos primeiro em si mesmos, nunca em outras pessoas. Então, vamos praticar!

Conhecer não é o suficiente; o conhecimento também deve ser aplicado. Querer algo não é o suficiente; é preciso também agir.

Johann Wolfgang von Goethe (1749-1832) em:
Os Anos de Aprendizado de Wilhelm Meister

Ao desenvolver sua técnica da Psicologia da Visão, o psicólogo americano Chuck Spezzano apontou que, de alguma forma, todas as coisas estão ligadas — tudo existe por uma inter-relação, e por isso a raiz de cada problema tem algo a ver com um relacionamento. Quando ouvi falar disso pela primeira vez, meus olhos imediatamente se abriram e percebi que tinha de curar meus relacionamentos: com meu corpo, com meus pais, com meu dinheiro — até com minhas gavetas desarrumadas. Parei de me ver como uma vítima das circunstâncias e percebi, ao contrário, que tinha um papel ativo a desempenhar e que dispunha de todo o poder necessário para mudar as coisas. Muito obrigado por isso, Chuck Spezzano! Sempre são as outras pessoas que abrem portas para nós e enriquecem nossa vida.

Se você não tem muito dinheiro ou não tem o suficiente, isso se deve a um problema de relacionamento — talvez com seu empregador, talvez com os clientes, talvez até mesmo com a "energia" do próprio dinheiro. Seja qual for a causa, porém, a situação também se deve a um problema seu com você mesmo. Que imagem tem de si mesmo? Qual é o valor que se atribui? Confia em si? É você mesmo seu próprio obstáculo? Ama a si mesmo o suficiente para querer somente o melhor e fazer por merecer? Todas essas perguntas são importantes num relacionamento. Como são seus relacionamentos? Com seus pais, sua profissão, a forma do seu corpo, seu passado e seu futuro, o sucesso de seus semelhantes? Ou você prefere não pensar nessas conexões porque acha difícil lidar com elas, de modo que considera ser melhor ignorá-las? Querendo ou não, se você reprimir essas questões, elas tornarão a reaparecer como se tivessem vida própria — cedo ou tarde terá de se haver consigo mesmo e com seus relacionamentos. Creio que você, por estar lendo este livro, faz parte dos 5% mais inteligentes — pois é somente essa porcentagem da população que tem interesse pela autoconsciência.

Vamos viajar juntos pelas páginas deste livro e curar os diferentes tipos de relacionamento. Com certeza isso valerá a pena — muitas pesquisas, entre as quais várias realizadas pela Universidade de Stanford, mostram que nossa percepção da felicidade e do sucesso individual depende em grande parte dos nossos relacionamentos interpessoais. Num estudo que durou vinte anos, os psicólogos Arie Shirom, Sharon Toker e Yasmin Akkaly, da Universidade de Tel Aviv, foram até capazes de demonstrar que as pessoas que têm relacionamentos felizes no trabalho vivem mais.* Com a ajuda das constelações familiares e do *ho'oponopono*, estaremos perfeitamente preparados para embarcar em nossa viagem rumo à felicidade. Então vamos abrir a porta e iniciar a jornada!

---

* "Work-Based Predictors of Mortality: A 20-Year Follow-Up of Healthy Employees", publicado em: *Health Psychology*, American Psychological Association, 2011, v. 30, n. 3, pp. 268-75.

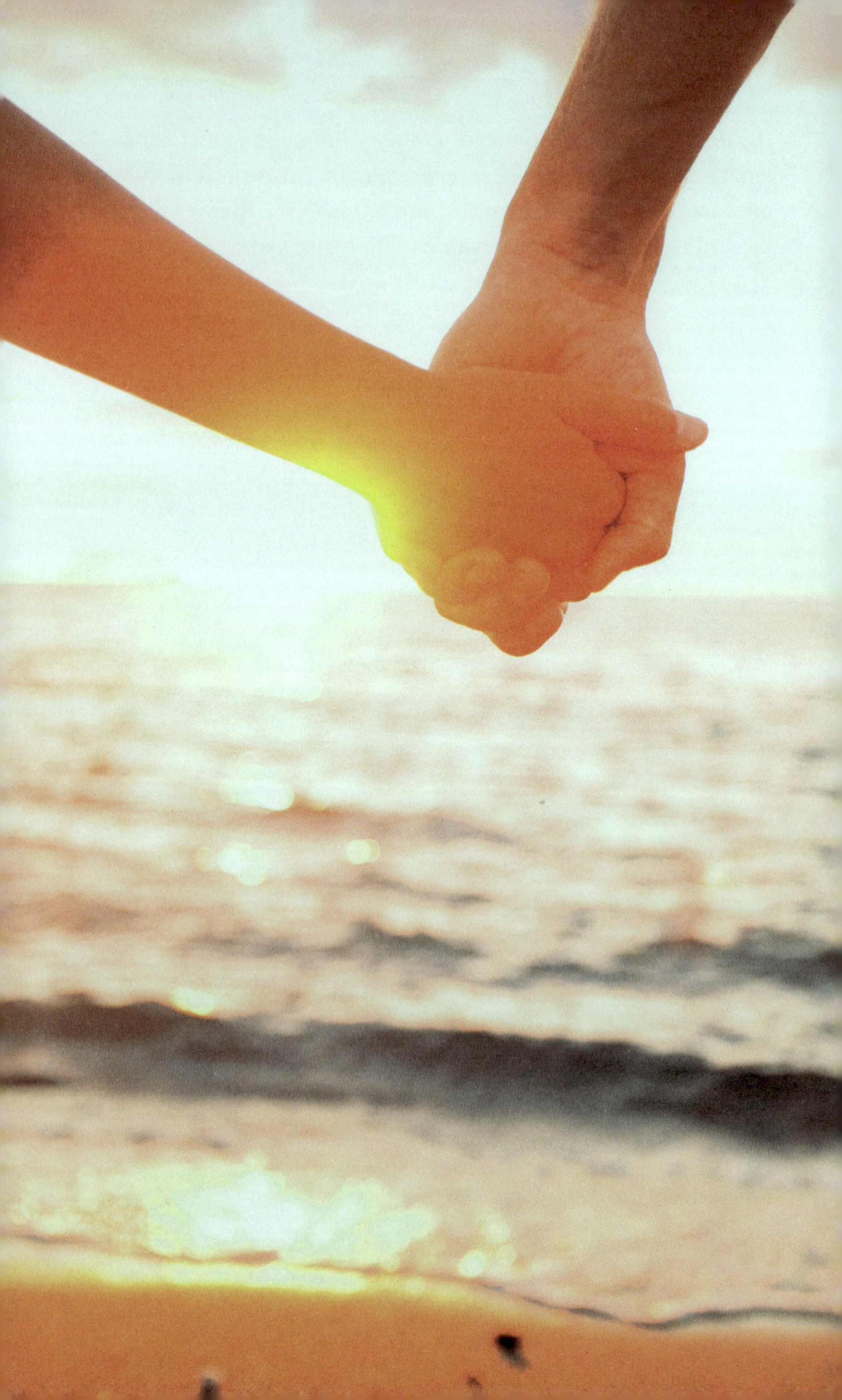

A Constelação Familiar

Uma breve apresentação

A questão: entrevista com um cliente
A exploração: revelar as conexões que estão travando o sistema
A solução: caminhar rumo à resolução e à solução visualizada

Muitas constelações familiares ocorrem num fim de semana e começam quando um facilitador (o terapeuta) convida pessoas que sofrem de um determinado problema a se sentar em círculo com um grupo de até vinte outras partes interessadas. Na primeira fase, o terapeuta pede à pessoa que levantou a questão (o cliente ou "buscador") que defina seu problema imediato, e então começa a explorá-lo no contexto daquela situação familiar específica — remontando a talvez duas ou três gerações anteriores. O terapeuta fará perguntas ao cliente acerca dos problemas que surgiram na família, indagará se seus pais ainda estão vivos, sobre o estado da relação do cliente com a mãe e o pai e se há crimes violentos, mortes ou membros indesejados ou excluídos da família. Em seguida, o terapeuta escolhe algumas pessoas do grupo e pede que se posicionem na sala de modo a representar os membros da família. O exercício começa com alguns representantes apenas, pois estamos trabalhando com o núcleo familiar — aqueles familiares diretamente envolvidos na questão. À medida que os representantes vão encarnando seus papéis no decorrer dessa segunda fase, ocorre um fenômeno específico das constelações, que tem um resultado decisivo: a "percepção representativa". Os representantes se sentem e agem como as pessoas que estão representando, chegando até, às vezes, a manifestar os mesmos padrões de comportamento. Não há explicação acerca de como ou por que isso acontece, mas o fato é que os conflitos nos relacionamentos e as interconexões da situação se evidenciam. O terapeuta aos poucos reposiciona os participantes a fim de trazer ordem ao sistema. Durante a terceira fase, os participantes se reposicionam (sob a orientação do terapeuta) numa formação que resolve e reconcilia a questão. Nessa resolução de cura, os representantes se colocam numa formação pela qual, por assim dizer, o amor possa fluir. Os bloqueios são liberados e a "constelação" de representantes que produziu a resolução de cura, geralmente, produz nos participantes uma sensação de calma, força, alívio e esperança. Uma vez alcançada essa formação, o cliente (que estava sentado ao lado do terapeuta, monitorando os acontecimentos como um observador imparcial) assume o lugar da pessoa que o representava. Então ele também passa a experimentar o estado de reconciliação que foi o objetivo do exercício, o qual é, por fim, ancorado com pequenos rituais (reverências, por exemplo) e frases de cura.

O que é uma constelação?

> Uma constelação sistêmica é um modo de visualizar conflitos de relacionamento por meio de representantes dentro de um espaço.

"Constelação sistêmica" é o termo geral usado para descrever o método que consiste em escolher pessoas dentre um grupo reunido, posicioná-las em um espaço e alinhá-las como representantes de membros ou partes de um sistema. A "constelação familiar" é um modo de visualizar o sistema que prevalece dentro de uma família e é usada como instrumento da psicoterapia fenomenológica. O termo "fenômeno" é usado aqui porque a constelação envolve a manifestação de comportamentos e a percepção de efeitos cujas causas (1) não podem ser medidas fisicamente e (2) dificilmente poderiam ser quantificadas; além disso, (3) cada constelação é única — não pode ser reproduzida. As constelações sistêmicas são vistas, portanto, como um procedimento não científico, pois a palavra "científico" indica que um efeito pode ser previsto e reproduzido, e é exatamente isso que *não* acontece nessas constelações.

Durante uma sessão de constelação familiar, o posicionamento intuitivo dos representantes desnuda as atitudes interiores do cliente diante das relações e interdependências familiares. Como atores num palco, os representantes na constelação revelam conflitos sutis de relacionamento que perturbam o funcionamento natural do sistema (no caso, a família — embora pudesse tratar-se também de uma parceria ou de uma empresa) e impedem as pessoas de desenvolver seu pleno potencial. O cliente consegue, então, ver seu conflito e suas interconexões com certo distanciamento (graças aos representantes) e é capaz de "sair" de sua pessoa; com isso, fica mais fácil identificar elementos perturbadores ou ausentes — e, quem sabe, até encontrar um caminho rumo a uma solução. A constelação usa o poder da percepção para revelar conexões e proporcionar uma ajuda real em situações críticas da vida.

Estudo de caso

Peter, 42 anos, no segundo casamento, está desesperado em busca de ajuda. Seu pai abandonou a família muito cedo e sua mãe morreu há quatro anos. Ele se sente desestimulado no trabalho e, no entanto, também se sente continuamente sob pressão; considera o chefe incompetente, e ele e a esposa não têm nada a dizer um ao outro em casa. Peter se sente exausto, triste e sem esperanças.

A constelação: Peter, o cliente, se senta a meu lado, seu terapeuta, e a princípio observa a constelação. De um grupo de dez participantes, escolhemos cinco, em ordem de idade, para representar o próprio Peter, sua mãe, seu pai, sua segunda esposa (Monica) e sua primeira esposa (Ruth).

O representante de Peter fica em pé no meio da sala, olhando para a frente e para baixo (uma possível referência à mãe morta). Pedimos à representante da mãe que fique em pé no ponto para o qual Peter está olhando. Acrescentamos a seguir o representante do pai, que intuitivamente fica de lado; nesse momento, o representante de Peter começa a se mexer, inquieto, para a frente e para trás, exibindo ao mesmo tempo um aspecto de impotência. Pedimos agora às representantes das duas esposas que se juntem a eles, uma após a outra. As duas ficam em pé um pouco de lado, atrás da mãe (fig. 1).

Perguntamos aos representantes o que estão sentindo. O representante de Peter se sente frágil e rejeitado e tem a sensação de ter sido abandonado pelo pai. As representantes de Monica e Ruth sentem que não estão sendo reconhecidas e que são incapazes de ver Peter, pois ele está escondido atrás da mãe; por causa disso, Ruth chegou mesmo a ficar com muita raiva. O representante do pai gostaria de sair ainda mais de cena, ao passo que a representante da mãe está se sentindo ansiosa.

As seguintes questões já foram reveladas: o pai estava ausente durante a infância do filho, e por isso Peter foi exposto a menos energia masculina. O fato de ele se mexer para a frente e para trás indica que, por um lado, ele rejeita o pai e, por outro, se sente atraído por ele como filho. Sua confiança foi traída e sua lealdade à mãe o prende a

fig. 1

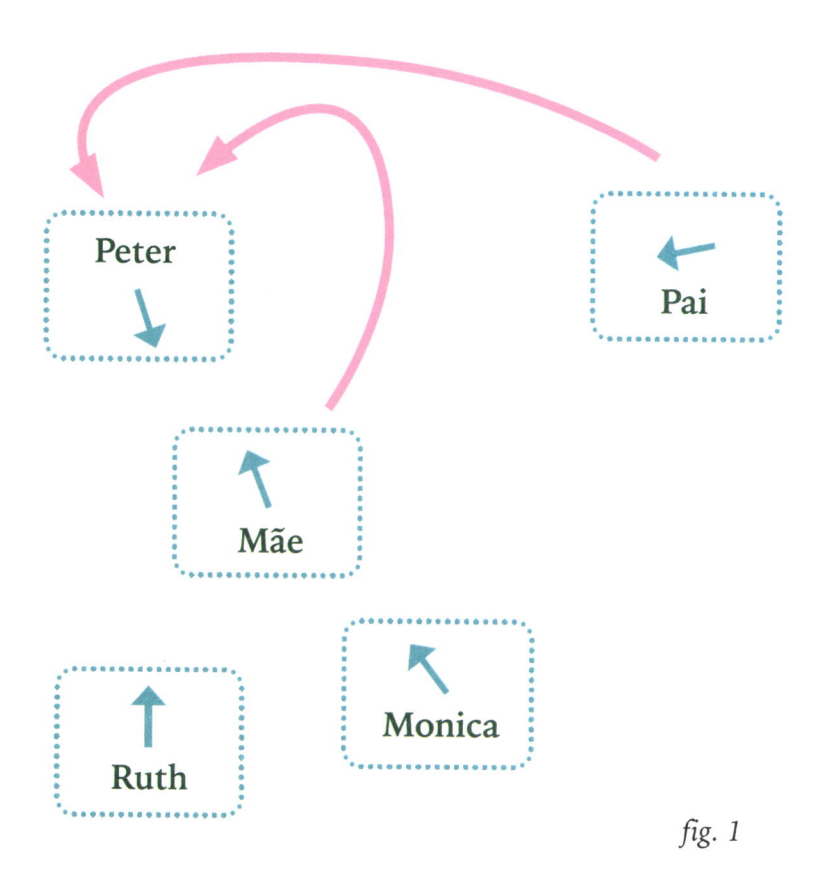

ela. Seu relacionamento com a mãe, que substituiu o pai ausente, cria obstáculos no caminho entre ele, Ruth e Monica. É possível que Peter, inconscientemente, tenha assumido o papel de parceiro da mãe, e por isso foi incapaz de dedicar-se plenamente tanto à primeira esposa quanto à segunda. Se a mãe desempenhou um papel ativo nesse processo, ou não, é algo que viria a se revelar nos estágios posteriores da constelação.

Usando pequenos rituais e frases de cura, trabalharemos agora com todos os participantes, deslocando-os de modo a chegarmos a uma resolução de cura pacífica (fig. 1) e naturalmente ordenada (fig. 2)

fig. 2

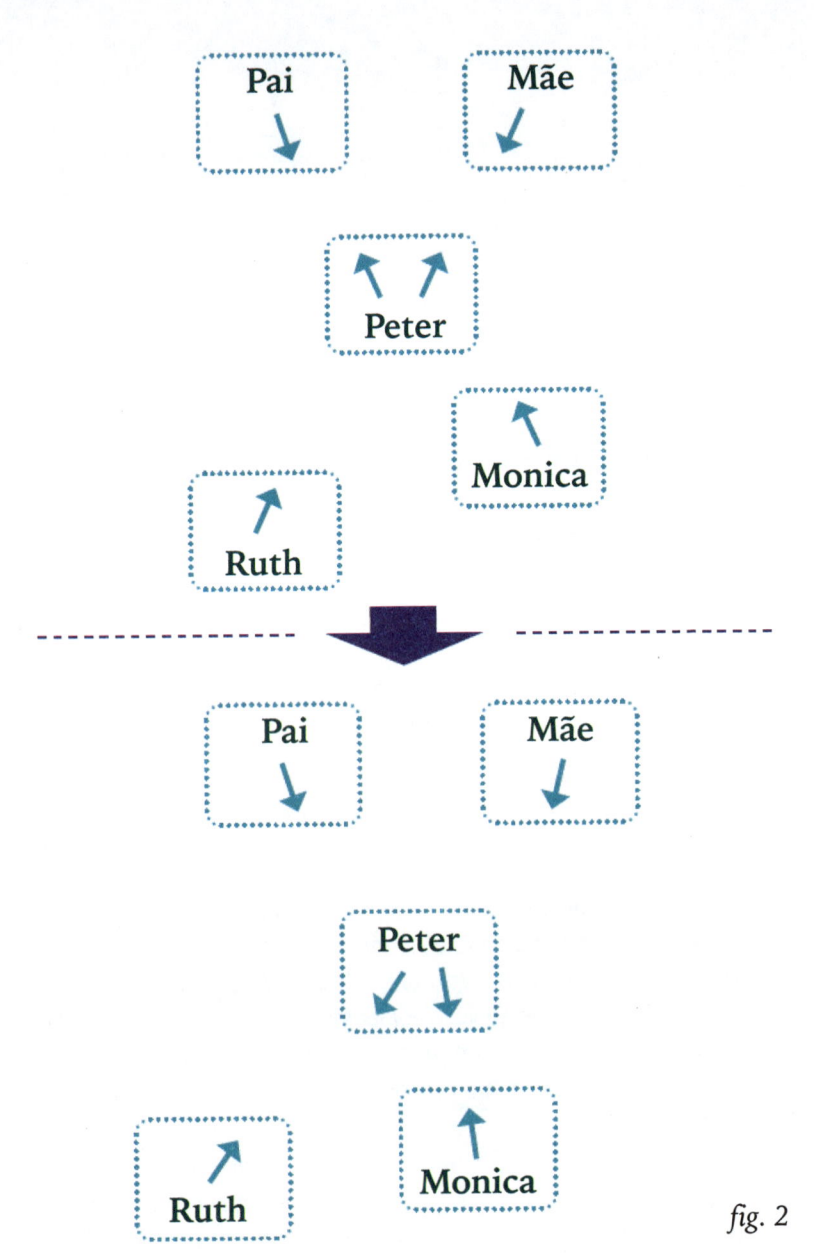

em três estágios. Aqui, o pai e a mãe estão em pé atrás do filho e da esposa deste. Monica está à frente dele. No estágio final, Peter assume o lugar de seu representante para que possa sentir o apoio dos pais e fazer as pazes com Monica e Ruth. Monica e Peter se abraçam e por fim viram-se para a frente, postando-se um ao lado do outro como um casal. A constelação inteira durou pouco mais de uma hora.

Como Peter relatou numa sessão posterior, cerca de dois meses depois, a questão original — seu conflito com o chefe no trabalho — acabou se revelando como uma projeção (rejeição do pai). A constelação familiar e o ritual de reconciliação resolveram também o conflito profissional: Peter reconheceu a competência de seu superior e agora está usando suas habilidades de forma construtiva dentro da empresa. Ele e Monica estão fazendo aulas de dança juntos a fim de aproximarem-se um do outro.

O objetivo da constelação

Mostrar, perceber, reconhecer e sentir.
Pôr as coisas em movimento.
Adquirir conhecimentos para despertar.
Resolver os sintomas e suas causas.

As pessoas muitas vezes se sentem presas e destituídas de energia em suas situações de vida. Buscam inconscientemente um sentido, o propósito de sua existência individual e um lugar onde possam se realizar. Ao mesmo tempo, contudo, estão a tal ponto ocupadas que não conseguem enxergar uma saída. Por onde começar? O objetivo da constelação é primeiro identificar as forças (desestruturadas, disfuncionais) que inibem o sistema e as possíveis causas das dificuldades. O ato de observar de fora o seu lugar na vida pode ser uma experiência intensa, talvez até dolorosa, mas pode lhe dar também o estímulo de que você precisa para assumir o controle sobre sua existência. A constelação pode liberar a energia bloqueada, como quando se desentope um cano. Pode produzir intuições grandiosas e lhe dar a coragem de que você precisa para resolver seus problemas. No entanto, a constelação não é como uma pílula que você simplesmente engole e depois continua vivendo como antes; você precisa querer mudar ativamente alguma coisa.

O importante é não resolver somente aqueles problemas mais óbvios, mas também identificar, do modo mais preciso possível, as causas implícitas — os padrões, os traumas de infância, os emaranhamentos e o registro ancestral. Tomemos o caso dos sintomas de um problema físico no corpo: uma inflamação recorrente e dolorida, por exemplo, pode ser tratada e aliviada, mas só poderá ser considerada curada quando a causa for identificada e, em decorrência disso, uma mudança — uma dieta diferente, por exemplo — for implementada. A mesma coisa vale para a vida emocional: uma briga séria pode ser resolvida momentaneamente, mas, se um trauma vivido na infância não for resolvido, será somente questão de tempo até que algo reabra a velha ferida e "aperte o botão vermelho", trazendo o trauma à tona. É por isso que, nas constelações familiares clássicas e nas reuniões familiares do *ho'oponopono*, o objetivo é resolver tanto os sintomas quanto as causas implícitas do problema.

A paciência e a "dose" correta

Durante a constelação e nos meses seguintes, ocorre no plano emocional do cliente uma mudança que precisa de tempo para se consolidar e exercer sua suave influência. O cliente deve ter condições de alcançar seu objetivo, e é por isso que muitos facilitadores aconselham que se deixem passar vários meses entre duas constelações. Dizem que a chave do poder é encontrada em paz — e, portanto, na "dose" correta. Não é possível resolver todas as questões numa única constelação, num passe de mágica; trabalha-se em camadas, começando com o óbvio (uma briga conhecida, por exemplo, ou problemas existenciais), passando-se daí às causas mais profundas. É como tratar uma doença para a qual o médico prescreve vinte comprimidos — os pacientes se curam quando tomam os comprimidos na dose correta. Se tomarem os vinte de uma vez, provavelmente não se beneficiarão, e poderão, inclusive, prejudicar-se.

Como os sistemas se formam

A palavra "sistema" é derivada da língua grega: *sys* significa "junto", ao passo que *thema* se traduz literalmente como "ordem", mas em sentido figurado significa "meta" ou "ação". Nas constelações familiares, portanto, os elementos de um sistema trabalham juntos para alcançar um objetivo comum, num todo unificante. As características distintivas do sistema são a ordem, a interação harmoniosa e a ação sinérgica. Cada um dos elementos vivos microscópicos que compõem um organismo — cada célula do seu corpo, por exemplo — é um sistema minúsculo e altamente desenvolvido em que as mitocôndrias, o núcleo, os ribossomos e outros elementos trabalham em prol de um objetivo comum: manter a vida. Ao fazê-lo, constituem unidades funcionais mais elevadas, como o tecido conjuntivo, os nervos, os órgãos, o sistema cardiovascular e o sistema nervoso autônomo. Cerca de 100 bilhões de células se combinam para formar seu corpo. Cada um de nós é uma pluralidade física e psicológica dentro de uma unidade, pois cada célula individual é dotada de consciência, inteligência e de um espírito autônomo: você controla algumas combinações de células, é capaz de influenciar outras, mas muitas estão além do seu controle. Do mesmo modo, a família é um pequeno sistema; muitas famílias juntas formam um povoado, depois uma cidade, depois um país — cada um dos quais também é, por sua vez, um sistema. Seu local de trabalho e a organização para a qual você trabalha são sistemas em que as pessoas trabalham em prol de objetivos comuns; seu carro é um sistema que tem o objetivo de levá-lo do lugar A ao lugar B. Todas as coisas ao seu redor formam sistemas e têm relacionamentos; assim, quando você quer mudar as coisas para ser mais feliz ou simplificar a sua vida, o que você faz é uma espécie de otimização de um sistema.

O ecossistema e a "casa" em que vivemos

Todas as criaturas vivas do planeta estão interligadas; vivemos num ecossistema comum. A palavra "ecossistema" é derivada da antiga palavra grega *oikós*, que significa "casa", e de "sistema" (ver acima), indicando que todas as coisas na Terra têm um programa comum. Como analogia, podemos dizer que vivemos na mesma casa, uma casa em que as relações entre os inquilinos são extremamente complexas. O termo "inquilino" é exato, pois essa casa não foi construída por nenhum homem, nenhum animal — já estava pronta e disponível, fato que às vezes leva os mais dominantes a considerar-se no direito de viver como bem desejam, impondo-se quer pela força militar, quer pelo poderio econômico. Todos nós moramos debaixo do mesmo teto, e, quando alguns se comportam mal, primeiro perturbando e depois destruindo seus coinquilinos (os animais e as plantas, a terra, a água e o ar), cada um de nós é afetado; não há ninguém que more "fora" da casa e seja capaz de manter a ordem, e não há tampouco outra casa para onde possamos nos mudar.

Aceitando viver em harmonia

Velhas canções havaianas contam a história de como os seres humanos certa vez fizeram um acordo com a Mãe Terra. Naquela época, o planeta ainda não era como o conhecemos hoje, pelo contrário, era coberto por um oceano primordial; para poder ter acesso à terra seca, os seres humanos se comprometeram a cuidar da Terra, zelando por ela e protegendo suas criaturas vivas, seus irmãos e irmãs dos reinos animal e vegetal. Em troca, receberam da Mãe Terra tudo de que precisavam para viver. Foi assim que os primeiros seres humanos, os antigos havaianos e todos os outros povos indígenas, viveram durante milênios — em harmonia e num consenso de dar e receber. Em outras palavras, ao contrário dos seres humanos de hoje, não deixavam atrás de si nenhuma pegada ecológica.*

---

* A pegada ecológica mostra quanto espaço uma pessoa usa para manter seu padrão de vida atual. Quanto maior a pegada, mais terra a pessoa usa. Hoje em dia, os seres humanos usam a Terra numa razão de 1,5, ou seja, o equivalente a uma vez e meia os recursos do planeta. Há vários sites na internet nos quais você pode calcular seu "índice de exploração" pessoal.

Exercício

Um exercício sobre seus relacionamentos importantes e muito importantes

Vamos dar uma olhada, agora, nos sistemas de relacionamento que envolvem a mãe da qual você nasceu — sua mãe humana — e a "Mãe Natureza". Assim como toda pessoa teve uma mãe que a gestou e a deu à luz, a Mãe Natureza dá à luz todas as criaturas vivas. Nosso corpo nasceu da nossa mãe humana e os corpos de todas as criaturas vivas, bem como os elementos de todos os corpos físicos, nasceram da Mãe Natureza. São, portanto, materiais (do latim *materia*, que significa "matéria" ou "causa" e provém, por sua vez, da palavra *mater*, "mãe").

Pense primeiro no relacionamento com sua mãe e depois no relacionamento com a Mãe Natureza e proponha-se, com seriedade e espírito crítico, as seguintes perguntas:

O que eu amo em minha mãe?
O que eu critico em minha mãe?
Minha mãe teria de mudar para que eu seja feliz?

O que eu amo na Natureza?
O que me aborrece na Natureza?
Como a Natureza teria de mudar para que eu me sentisse melhor?

A representação é a essência da constelação familiar e geralmente constitui um método de comunicação entre vários níveis da existência. Em nossa vida cotidiana, os representantes estão por toda parte: os países são representados em nível diplomático por embaixadores e ministros, um juiz fala em nome do povo, os ícones das igrejas e mosteiros da ortodoxia grega são considerados representações diretas dos santos no céu. O Antigo Testamento também relata que o Deus dos Patriarcas apareceu a Moisés numa sarça ardente. Quando Moisés perguntou qual era o seu nome, ouviu a resposta: "Eu sou O que Sou". Nos exercícios a seguir, tomaremos como referência um antigo texto hindu chamado *Bhumi-Gita* (sânscrito: *bhumi* = Terra, *gita* = cântico). Aqui, no *Cântico da Terra* (*Bhagavata-Purana*, Canto 12), o planeta usa um novilho como seu representante para falar com os seres humanos.

> *Somente quando a última árvore for cortada, o último rio for envenenado e o último peixe for apanhado é que o Homem Branco perceberá que não se pode comer dinheiro.*
> *Provérbio dos índios Cree*

Exercício

Sistemas de referência, representantes e procuradores

Primeiro, leia todo o exercício e compreenda perfeitamente o que terá de fazer. Em resumo, será o seguinte:

(1) sentir, (2) visualizar, (3) sentir e (4) refletir cuidadosamente.

No apêndice, há duas listas de sentimentos; encontre ali os dois termos que melhor descrevem seu estado emocional atual. Como você está se sentindo agora?

No *Bhumi-Gita* da Índia antiga, a Terra assume a forma de um novilho para falar com os seres humanos. Agora feche os olhos e, durante mais ou menos de um minuto, imagine a Terra na forma de um novilho cerca de três metros à sua frente. Olhe bem para esse novilho e tome consciência da energia dele. Abra os olhos, percorra de novo as listas de sentimentos do apêndice e encontre os dois termos que melhor descrevem seu novo estado emocional. O que mudou? Mais uma vez, feche os olhos e visualize a Terra como um novilho cerca de três metros à sua frente. Agora, lentamente e com todo o respeito, se incline diante do novilho.

Abra os olhos devagar e percorra as listas de sentimentos do apêndice em busca dos termos que descrevem seu novo estado emocional. Qual é a diferença entre os estados emocionais antes do exercício, durante o mesmo e depois dele?

Nosso objetivo comum
O cosmo é harmonia

Nosso cosmo (grego antigo: *kósmos* = ordem, harmonia) é o maior sistema que conhecemos, a grande unidade. Nosso universo (latim: *unus* e *versus* = convertido em um) é uma sinfonia única e gloriosa em que todas as coisas se refletem em todas as outras, como um holograma, e cuja totalidade pode ser reconhecida em cada uma de suas partes. Você provavelmente conhece os mapas anatômicos usados na reflexologia ou na iridologia, em que o corpo inteiro é representado dentro de um pé ou de um olho. Cada corpo humano, o mesocosmo, reflete os princípios da ordem megalocósmica, assim como uma flor ou uma montanha.* As escalas musicais correspondem ao espaçamento entre os planetas e as suas distâncias orbitais, por exemplo; e embora o átomo não seja de maneira alguma um sistema solar, ele tem uma estrutura semelhante. Essas correspondências cósmicas, cuja noção foi introduzida no pensamento europeu pelo antigo filósofo grego Pitágoras (570-510 a.C.), também são chamadas de *quadrivium* (latim: quatro caminhos) e seu objetivo é nos fazer reconhecer o valor fundamental da beleza, da harmonia e da integridade em todas as coisas. O cosmo é harmonia e ordem.

---

* A tríade formada pelo microcosmo, o mesocosmo e o macrocosmo fazia parte dos ensinamentos da escola pitagórica de filosofia. O microcosmo é o nível das coisas pequenas, como os átomos, os micróbios e os insetos; o mesocosmo diz respeito ao nível do corpo humano; e o macrocosmo é uma descrição da natureza como um todo. Há também o megalocosmo, noção criada pelo filósofo e compositor Georges I. Gurdjieff (1866-1949) em referência ao universo inteiro com suas galáxias, nebulosas estelares, pulsares e buracos negros.

Valores e objetivos comuns

Todos os elementos de um sistema trabalham em prol de um objetivo comum. Quando as pessoas perdem esse objetivo de vista, criam-se a desunião e a desarmonia e os membros do sistema se tornam descontentes. É isso que acontece quando há falta de comunicação — numa família, numa empresa ou numa organização, por exemplo — e as necessidades dos indivíduos envolvidos não são respeitadas. Do mesmo modo, a insatisfação também pode representar o início de mudanças importantes — muitas vezes precisamos ficar doentes para dar valor à saúde ou perder um relacionamento para reconhecermos quanto ele era bom. A isto se dá o nome de "fenômeno do peixe dourado": assim como um peixinho dourado só dá valor à água que lhe possibilita vida quando a perde, e vive cego para as oportunidades óbvias e maravilhosas que a vida lhe oferece, também nós temos muitas coisas boas à nossa volta, mas tendemos a reclamar. Mesmo que 99% da vida esteja dando certo, as pessoas ainda se concentram nos problemas do 1% ("foco de deficiência"). Lembramos do que nos magoa, e essa memória pode produzir conhecimentos e crescimento pessoal — que são exatamente as coisas que buscamos numa constelação.

Temos um bom exemplo disso nas empresas em que (1) há falta de comunicação construtiva e (2) há falta de reconhecimento do objetivo comum. O consultor empresarial americano Brian Tracy, que costuma ser contratado por empresas desse tipo para dar consultoria de análise empresarial e planejamento estratégico, inventou um jogo interessante chamado *Conserve seu Emprego*. Ele pergunta ao gerente geral de uma empresa: "O que as pessoas imediatamente abaixo de você fazem na empresa? O que você espera delas? Quais são os principais deveres diários, semanais e mensais delas?" Depois, procura as pessoas que estão um grau abaixo do chefe na hierarquia e faz as seguintes perguntas: "Quais são seus deveres? Você sabe o que se espera de você? Quais são os objetivos da sua empresa?" Comparam-se então as respostas de ambos os grupos, e as discrepâncias muitas vezes são impressionantes. Além das metas financeiras, recomendo que as empresas sempre façam questão de definir e formular seus valores como componentes de uma *declaração de missão* e/ou filosofia corporativa: "O que você representa como indivíduo e o que sua empresa representa? Qual é o espírito que dá vida à sua organização ou sua empresa?" Caso ocorra alguma desarmonia, essa lista de valores comuns permite que a força de trabalho redescubra com mais facilidade seu denominador comum. Esse tipo de comunicação, sem dúvida, também é importante numa família — você provavelmente conhece alguém que causa problemas por causa de um assunto que não está sendo discutido de maneira aberta na família.

Exercício

Um exercício que pode mudar sua vida

Proponha-se as seguintes perguntas:

Minha família tem valores e objetivos comuns?
O que eu considero/nós consideramos importante?
Onde eu quero/nós queremos estar daqui a cinco anos?

Convoque seu/sua companheiro/a, seus filhos e até seus pais e escrevam uma lista de valores e objetivos para sua família. Escrevam um título, talvez algo como "Consideramos isto importante". Você pode até transformar a atividade num jogo em que todos se expressam, um de cada vez, ou pode acrescentar algo à lista em ocasiões particularmente felizes, como uma viagem de férias. Depois, emoldure a lista e pendure-a na parede, num lugar de honra. Garanto que isso trará muita alegria e benefício a todos vocês!

Os quatro búfalos — uma história de responsabilidade individual e unidade familiar

Muito tempo atrás, numa terra não muito distante, viviam quatro búfalos. Eles avançavam majestosos pelos campos verdejantes e, enquanto pastavam, deslocavam suas imensas cabeças e seus poderosos chifres de um lado para o outro pela relva. Quer estivessem pastando, quer dormindo, estavam sempre juntos na forma de uma cruz, pois cada um deles olhava para uma direção diferente. De vez em quando, um leão se aproximava (os leões vivem em busca de búfalos para caçar) e, aproximando-se do grupo, pensava: "Que banquete magnífico para minha família! Todos comeriam até não poder mais — e os abutres ficariam com os restos que não conseguíssemos comer!" Dia após dia o leão tentava a sorte, mas, qualquer que fosse o lado pelo qual se aproximasse, sempre dava de cara com os afiados chifres dos búfalos — cada um dos búfalos protegia os demais. Logo correu a notícia do modo pelo qual os búfalos se organizavam, e nenhum leão ou hiena ousava se aproximar deles. Muitos anos se passaram, e os quatro búfalos — talvez por terem se tornado arrogantes, ou por terem sucumbido à tentação, ou, quem sabe, por simples tédio — abandonaram sua formação protetora e seguiram cada qual para o seu lado. Um após o outro, os quatro foram comidos pelos leões.

> *Um único elo quebrado numa grande corrente destruirá toda a corrente.*
>
> Johann Wolfgang von Goethe (1749-1832) em:
> Os Anos de Aprendizado de Wilhelm Meister

Cada membro de uma comunidade é importante; se não fosse, ele não faria parte da comunidade. A natureza nos deu todos os nossos órgãos porque todos são importantes e necessários. Os olhos não dizem aos pés: "Estamos aqui em cima e não precisamos de vocês". Do mesmo modo, todas as partes de um automóvel estão no seu devido lugar e ninguém remove as luzes do painel porque não gosta do brilho delas. Todas as coisas são importantes; quando um problema acontece, ele afeta tanto o indivíduo quanto o grupo, como no exemplo dos quatro búfalos.

Para alcançar mais rápido a meta — ou: um pouco de ordem não faz mal a ninguém

Imagine o que aconteceria se o pedal do freio e o do acelerador fossem trocados de lugar no seu carro e ninguém o informasse da troca. Imagine se um órgão vital, como o seu fígado, de repente se esquecesse de sua função e decidisse que daí em diante gostaria de ser um cérebro — boa sorte para você! Ou, então, pense nisto: quando põe a mesa, você coloca a faca e o garfo ao lado do prato ou debaixo dele? Como você pode perceber, um pouquinho de ordem torna a vida agradável e prática. A ordem elimina surpresas indesejáveis e sem ela não haveria *websites*, livros e casas, e as empresas bem poderiam fechar as portas. Os princípios de organização dão eficiência a um sistema e são importantes para a sobrevivência, pois 95%

da nossa vida é administrado de forma inconsciente. Na vida, nós seguimos hábitos, e nossa existência seria insuportavelmente complicada se a todo tempo tivéssemos de pensar e raciocinar a partir dos princípios básicos.

Muitos conflitos de relacionamento surgem porque não há ordem no sistema e/ou algo se encontra fora de lugar. Os membros da família não sabem mais onde se encaixar e não têm ideia de seu imenso potencial; exatamente pelo fato de se desvalorizarem tanto, muitos desejariam ser outra pessoa. É importante que você se distancie das coisas ruins e fuja dos sentimentos negativos; eles raramente dão frutos bons.

Exercício

Um exercício para a otimização do seu sistema pessoal

No decorrer das próximas duas semanas, faça uma lista de todos os sistemas que você perceber ao seu redor. Concentre-se especificamente em examinar seu papel dentro desses sistemas e pergunte-se quais objetivos vocês têm em comum. Para isso, é bom usar seu caderno. Trace quatro colunas numa página em branco e dê-lhes os títulos: (1) Sistema, (2) Tema, (3) Objetivo e (4) Meu Papel.

Pense em seus objetivos, nos papéis que desempenha e nos relacionamentos que tem. Definir exatamente o que você pensa de tudo isso é o primeiro passo rumo à cura, à ordem e ao sucesso pessoal. Você pode começar simplesmente por algumas tarefas simbólicas: arrume suas gavetas, limpe o porão (seus princípios) ou mesmo comece a ajeitar o sótão (para pensar direito, criar ordem "no topo"), ou resolva algo que vem adiando há muito tempo. Tenho certeza de que, duas semanas depois, você terá dado passos gigantescos e terá posto ordem em muitos aspectos dos seus relacionamentos. Depois de jogar fora tanta bagagem inútil, irá viver com muito mais praticidade. É muito mais fácil viajar carregando pouca coisa.

Quando chegar à outra margem, abandone o barco.

Provérbio norte-americano

Os elementos de uma constelação

Cliente e foco

O cliente procura o terapeuta porque tem uma questão. Nas constelações sistêmicas, podemos representar não somente pessoas, mas também outros elementos. Por isso, o tema da constelação também é chamado de "foco".

Estudo de caso 1

Nicole é uma cliente que não vê a filha há dois anos. Nicole está no centro do conflito e por isso é, ao mesmo tempo, o cliente e o foco.

Estudo de caso 2

Bernard é dono de uma empresa de prestação de serviços em Birmingham. No seu departamento de vendas, é cada vez maior o número de funcionários que se afastam por motivo de saúde. Bernard é o cliente e sua empresa é o foco que será constelado.

O terapeuta

O termo "terapeuta" é derivado da palavra grega *theràpon* e significa "servo", "atendente" ou "companheiro". No mundo antigo, o termo era aplicado principalmente a Asclépio, o deus da cura. A terapia era vista como um cuidado e um serviço prestado em harmonia com os deuses e o terapeuta era um servo da divindade. O facilitador, do mesmo modo, não é um curador ou um salvador, mas um companheiro e um servidor que usa seu conhecimento e sua experiência para mostrar o caminho aos clientes. Um bom facilitador deve ser capaz de (1) ter ele próprio uma sensação de segurança e (2) transmitir uma sensação de segurança. Ambas as habilidades se desenvolvem à medida que a pessoa se torna mais competente, trabalha as próprias questões, adquire experiência e fundamentação e confia em algo superior, na Origem de todas as coisas ou (tradicionalmente) em Deus.

Imparcialidade

A imparcialidade é uma qualidade que sempre se impõe ao terapeuta em suas interações com o cliente. A neutralidade compassiva impede que o facilitador assuma o papel de salvador e se enrede num complexo de perpetrador-vítima-salvador. Assim que o facilitador toma partido numa constelação, ele cai numa armadilha e se torna um participante, com suas próprias questões. Julgar é excluir, e aquilo que é excluído é exatamente o elemento que precisa de atenção numa constelação, o elemento que precisa ser reconhecido e novamente aceito.

Isso não significa que o terapeuta não possa ter suas próprias questões. Toda pessoa as têm, qualquer que seja a posição que ocupe na vida. Significa apenas que as questões do terapeuta não podem imiscuir-se na constelação. O facilitador atua como uma espécie de piloto que encontra o caminho para todos em águas inexploradas e que é confiante o bastante para transmitir uma sensação de segurança. Apesar desse papel de guia, o facilitador não é um "líder". Não procura controlar todas as situações, mas dá espaço para que a própria constelação se manifeste. Coloca-se nas mãos de uma orientação superior à que você talvez dê o nome de "intuição", "pressentimento" ou "imagem interior".

A questão, informações e aspectos essenciais

No fim das contas, as pessoas sempre estão enredadas em vários problemas e passam boa parte do seu tempo resolvendo-os. A palavra "problema" é derivada do grego *próblema* e descreve o modo como os deuses imortais espalham (*blema*) pedras diante (*pro*) de nós. Quando uma dessas pedras bloqueia o nosso caminho (em língua havaiana: *Ala nou ana*), cabe a nós, mortais, escolhermos o que fazer: enquanto alguns se queixam e se fixam nos obstáculos, outros aproveitam a oportunidade e o desafio para crescer.

Às vezes me parece que os desafortunados habitantes da Europa Ocidental enfrentam uma crise a cada três meses. Há problemas no trabalho, problemas de relacionamento, problemas financeiros, problemas existenciais e medo do futuro, doenças, traumas e danos sofridos na infância, questões familiares, notícias preocupantes nos meios de comunicação, os problemas dos outros, a poluição ambiental, a situação mundial — desse ponto de vista, a vida realmente parece uma série infinita de dificuldades que começa no nascimento e só termina com a morte. O cliente pode buscar ajuda com tudo isso (e muito mais) a fim de encontrar o fio que o conduz ao Nó Górdio de sua existência.

O terapeuta sempre deve prestar muita atenção ao que o cliente diz. O modo pelo qual ele descreve o problema já aponta para uma solução. O terapeuta deve ver o menino dentro do homem e a menina dentro da mulher — ele é, nesse sentido, um espectador, pois tudo está contido no *agora*: o passado nos transformou naquilo que somos e a cada segundo decidimos o que queremos fazer do futuro — não possuímos outros ingredientes, mas isso já é o bastante para que nossa vida seja um sucesso. No fim das contas, o lugar de onde viemos não importa — tudo o que importa é para onde vamos.

Costuma-se dizer que é preciso um certo nível de pressão psicológica para que um problema possa ser resolvido numa constelação, e não há dúvida de que uma formulação e uma compreensão claras da questão são benéficas; é difícil encontrar uma solução para clientes que só conseguem descrever seu problema de maneira indireta. Ao apresentar o problema, eles devem tentar chegar ao âmago da questão, e para isso uma discussão preliminar é muito útil. Afinal de contas, a constelação familiar trata de coisas essenciais: nascimento, vida e morte, pai e mãe. Alcança nossos relacionamentos mais íntimos e nossas experiências mais antigas. Fala do amor que não foi recebido, que não pode ser dado ou que foi até recusado. Fala do destino, de crimes violentos, da guerra, da fome, de doenças, mortes na família, abortos e adoções, casamentos e divórcios.

As causas dos nossos problemas na vida adulta remontam às experiências que tivemos com nossa família, pois não estamos sozinhos no mundo — os elos do nosso destino estão sempre ligados com os dos nossos antepassados.* Os conflitos internos que tínhamos na infância são trazidos para o presente, onde são vividos até que a questão seja resolvida. A criança interior pega as memórias enterradas e as traz à superfície aqui e agora, pois está em busca de cura.** A vida reafirma a cada momento o seu direito à felicidade, e nosso local de trabalho e nossos relacionamentos parecem-lhe locais onde ela tem todo o direito a se manifestar.

> *Uma vida sem reflexão não é digna de ser vivida.*
> Platão (428-348 a.C.)

Exercício

Um exercício para encontrar o que é realmente essencial

Pegue seu caderno e vire-o na horizontal. Desenhe uma linha horizontal de um lado a outro de uma página em branco. Desenhe um círculo num dos lados e faça o mesmo no outro. O primeiro círculo simboliza seu nascimento e o segundo, sua morte física.

Agora pergunte-se onde está o "hoje" e marque-o em sua linha do tempo. Olhe cuidadosamente para essa imagem e

---

* Ver "*Aumakua* — os antepassados", p. 107.
** Ver "*Unihipili* — o eu inferior, o subconsciente e a criança interior", p. 118.

tome consciência de que o tempo que você tem para passar na Terra, em seu corpo físico, é limitado.

Agora escreva e localize na linha todos os acontecimentos importantes que causaram em você uma impressão profunda e tiveram forte influência em sua vida (sânscrito: *samskara*). Em cada caso, aponte se você sente que essa influência foi positiva ou negativa.

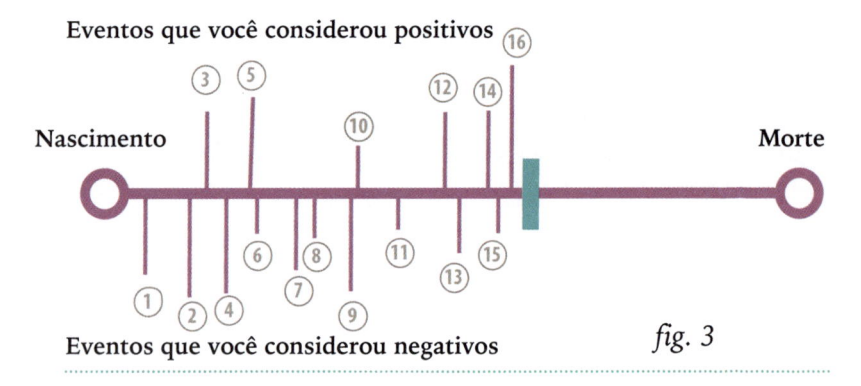

Eventos que você considerou positivos

Nascimento — Morte

Eventos que você considerou negativos

fig. 3

Agora pare e encontre as conexões entre o passado e o presente, perguntando-se, em particular, quais eventos negativos do passado tiveram consequências claramente positivas em sua vida.

Depois de fazer essa viagem analítica pelo passado, você merece uma recompensa: sente-se ereto, respire fundo três vezes, sorria e diga, cheio de boas expectativas: "Este é o primeiro dia do resto da minha vida".

Você deve viver agora como gostaria de ter vivido quando morrer.

Marco Aurélio (121-180 d.C.)

O grupo, o "campo" e os representantes

As constelações familiares ocorrem normalmente no fim de semana, quando vários clientes e representantes se encontram para resolver juntos as suas questões. Esse "grupo" (como são chamados nas constelações familiares) constitui o "campo", um espaço energético em que a percepção representativa se torna possível. Quando um dos clientes apresenta sua questão (geralmente de forma muito breve), os participantes param um pouco para refletir; trata-se de um período de silêncio em que cada um se conecta ao poder superior que é a origem de tudo quanto acontece aqui.

Os representantes figuram os elementos do sistema. Somente eles podem permitir que o terapeuta e o cliente reconheçam relacionamentos desestruturados. A abertura dos representantes para sentir o que se manifesta numa situação é um dos ingredientes do sucesso de uma constelação. Ao assumir posição como representante, fique em pé ereto, talvez flexionando ligeiramente os joelhos, de olhos fechados e respirando com suavidade, e simplesmente examine os próprios sentimentos. Se nada lhe ocorrer, não há problema, pois, a incapacidade de sentir algo muitas vezes indica a presença de programas de defesa que buscam nos proteger contra a dor recorrente. Evite representar um papel (de pai, mãe, filho ou filha, por exemplo) como se você soubesse exatamente o que é estar nesta ou naquela situação — com isso, você estará simplesmente representando como um ator, sem nada sentir. Outro problema é quando os sentimentos são *pensados* (ou seja, quando o representante *crê* ou *pensa* que está furioso) em vez de os representantes simplesmente *sentirem* a agitação, a ansiedade, as ondas e o calor no corpo, nas mãos e nos braços, ou nas costas, ou nos pulmões.

Na qualidade de representante, você é como um médium e, como tal, esvazia-se por completo. Não se pode pôr mais líquido num copo já cheio, mas somente num copo vazio.* Se estivermos repletos de sentimentos, não haverá espaço para mais nada — e, por outro lado, se não tivéssemos sentimento algum, nossa vida seria realmente vazia. É por isso que os relacionamentos não são vividos, mas sentidos. Às vezes, no entanto, temos dificuldade para identificar e nomear nossos sentimentos. No apêndice, há duas listas de termos que podem ajudar você a descrever seus sentimentos com exatidão. Elas serão úteis durante os exercícios.

Exercício

Um exercício para sentir os relacionamentos

Visualize algumas pessoas que fazem parte de sua vida e examine o que você sente a respeito de seu relacionamento com elas. O que você sente? Anote essas emoções em seu caderno. Caso sejam negativas, tome nota do que você gostaria de sentir naquele relacionamento. Crie no seu caderno as seguintes colunas: (1) Pessoa e relacionamento, (2) Sentimentos atuais sobre essa pessoa, (3) Sentimentos e relacionamentos que eu queria ter. Depois de definir onde você está e onde quer estar, poderá se perguntar o que pode fazer para melhorar ativamente os seus relacionamentos.

---

* Em inglês, há uma ligação etimológica entre as palavras *full* (cheio), *fill* (encher) e *feel* (sentir). O verbo *fill* é derivado do inglês antigo *fyllan*, *full* está relacionado ao inglês antigo *fyllu* e *feel* é derivado do inglês antigo *felan*. Todas essas palavras têm relação com Fulla, a guardiã da arca de tesouros pertencente a Frigg, a deusa-mãe do panteão germânico.

A constelação — trabalho prático com âncoras de solo

Depois de completar esses produtivos exercícios preliminares, passamos agora para um importante método de trabalho com constelações sistêmicas, ao qual voltaremos várias vezes no decurso deste livro: as "âncoras de solo". A âncora de solo é um objeto (uma folha de papel ou uma pedra, por exemplo) que colocamos no chão num determinado lugar para representar um objeto ou uma pessoa dentro de sua constelação.* Você pode trabalhar sozinho com esse método (em sua sala, escritório ou jardim, ou na praia, sem terapeuta nem observadores) para ganhar experiência e trazer rapidamente suas imagens interiores à superfície, a fim de obter clareza. A abordagem mais fácil consiste em usar folhas soltas de papel A4 nas quais você possa escrever as definições apropriadas.

Preparação

Pegue cinco folhas de papel e escreva uma das seguintes palavras em cada uma das quatro primeiras: (1) Eu, (2) Pai, (3) Mãe e (4) Observador neutro. Com base no lema "menos é mais", o objetivo deste exercício é apresentar você, passo a passo, ao procedimento empregado nas constelações sistêmicas. O excesso de âncoras de solo só serve para complicar as

---

* Em Bali, o Dr. Diethard Stelzl demonstrou a mim e à minha esposa Andrea Bruchacova a tradição de desenhar nosso próprio corpo na areia e depois colocar pedras para representar cada um dos órgãos; isso nos ajuda a entrar em contato com nosso corpo na meditação. Se você tiver interesse nesse método e em outros semelhantes, recomendo os livros do Dr. Stelzl e seus seminários, realizados em Bali e na Alemanha (no hotel Lichtquell, na Floresta Negra, por exemplo).

coisas, e é por isso que você vai agrupar todos os seus irmãos e irmãs e uma única folha, a (5). Se tiver um irmão só, escreva "Irmão" ou "Irmã", conforme o caso. Se tiver vários irmãos ou uma mistura de irmãos e irmãs, escreva "Irmãos". Se tiver várias irmãs, escreva "Irmãs". Se for filho/a único/a, é claro que não vai precisar dessa folha. No final, terá quatro folhas se for filho único e cinco se tiver irmãos. Desenhe uma seta em cada folha de papel para mostrar a direção para onde cada membro da família está olhando.

No entanto, o que acontece se você não conhece um de seus pais, ou ambos? E se alguém já faleceu? E se você vive numa família adotiva e seus irmãos provêm de casamentos diferentes?* Como você bem vê, é bom pensar em tudo isso de antemão — como sempre, o bom planejamento garante o bom desempenho. Devemos nos perguntar: quem realmente faz parte desse sistema? Todos podem entrar ou alguém deve esperar lá fora? O que acontece com os que podem entrar e como se sentem os que ficaram de fora? Quem está em que lugar? Todos têm os mesmos direitos? Quem seria o primeiro a entrar pela porta, ou será que todos entrariam juntos — e, nesse caso, para onde iriam? Como se sente cada indivíduo? E com que se parece a família quando vista da posição do observador neutro? Todas essas são coisas que esperamos descobrir.

Constelação, Ato 1 — arranjo inicial

Vá para um lugar tranquilo onde possa passar uma hora sem ser perturbado. Disponha as folhas no chão como quiser, mas

---

* Para saber como responder a essas perguntas, consulte "A família", p. 51.

não use uma área maior que 12 m². As setas que mostram a direção do olhar de cada pessoa e a disposição do espaço o ajudarão a concluir o que você sente sobre as relações entre os membros da família. Simplesmente use a intuição ao trabalhar e confie em seus sentimentos. Diante de uma determinada disposição, pergunte-se se parece correta. Faça as devidas correções até que a imagem reflita de modo adequado, para você, sua atual situação familiar. Lembre-se de que não estamos dispondo as coisas aqui como deveriam ser, mas como são — este é o único jeito de trazer sua imagem interior à superfície e é com ela que queremos trabalhar. Então, desenhe a disposição em seu caderno. Ela pode ter o seguinte aspecto, por exemplo:

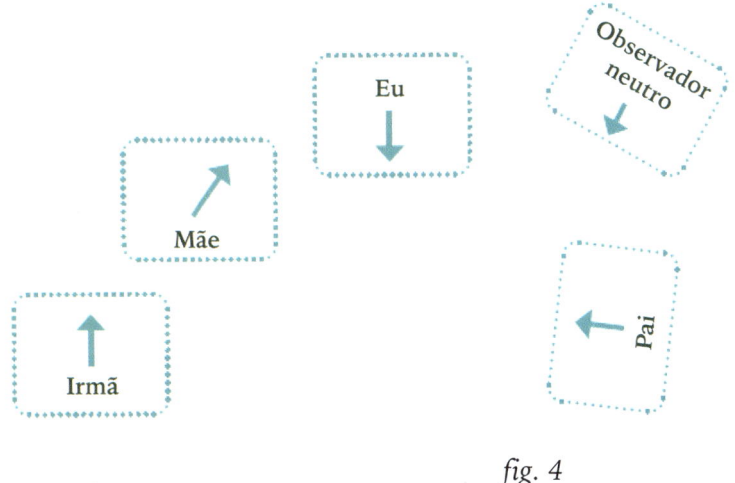

fig. 4

Faça uma tabela com quatro colunas para que possa tomar nota das suas mudanças de sentimento à medida que a constelação for mudando: (1) Nome, (2) Arranjo inicial, (3) Em movimento e (4) Resolução de cura. Escreva cada nome no caderno e depois concentre-se em cada folha e na direção do olhar dela. Perscrute suas emoções e tome nota de suas primeiras percepções, pensamentos e sentimentos na coluna (2) Arranjo inicial.

Constelação, Ato 2 — movimento

Agora faça o seguinte: primeiro, introduza algum movimento e alguma dinâmica no seu sistema. O objetivo desse estágio é ver e experimentar como as pessoas se sentem quando mudam os relacionamentos na sala. Para tanto, coloque, de modo proposital, uma das folhas num local inesperado e perceba como é ficar ali. Essa etapa é importante para identificar as mudanças em seu corpo emocional assim que mudam os relacionamentos na sala. Agora rearranje algumas outras folhas e veja quais sentimentos afloram nas novas posições. De pé sobre uma determinada folha, faça-se as seguintes perguntas a fim de conhecer suas reações: como seu pai ou mãe se sente e como você mesmo se sente se fica bem perto ou bem distante dessa ou daquela pessoa? Qual sentimento aqueles relacionamentos transmitem? Por acaso há alguém que assume o controle ao longo das mudanças na sala? Quem tem sua posição reforçada e quem tem a sua enfraquecida, e em quais lugares? Aqui, você também pode fazer uso das duas listas no apêndice para explorar seu íntimo, sua vida interna e emocional e descrever seus sentimentos mais profundos.

Para encerrar a sessão, fique de pé no lugar do observador neutro. A partir desse ponto de vista, você poderá examinar sua família e cada membro individual sem se envolver em nenhum problema. Como esse observador imparcial vê a cena? O que você sente em relação à sua família quando se coloca na posição do observador? O que o toca? Que intuição tem?

Vê seus parentes sob uma nova luz? Depois de experimentar os papéis dos representantes, passaremos agora a uma formação que nos trará clareza.

Constelação, Ato 3 — elucidação e resolução

Ao encontrar a formação de resolução de cura, queremos chegar num arranjo em que cada pessoa esteja de pé num lugar em que seja mais forte, onde a reconciliação dos conflitos possa ocorrer e o amor possa fluir entre todos. Mas como saber de que maneira seus relacionamentos podem se movimentar em vista de uma melhora? Fique em sua própria posição (Eu). Pergunte-se onde seu pai e sua mãe teriam de ficar para que o amor pudesse fluir. Agora, proponha-se a seguinte pergunta não hipotética: o que o amor estaria fazendo agora? Proceda com empatia, calma e confiança, seguindo seu coração, e faça com que seu coração e sua cabeça entrem em acordo. Depois de mover uma âncora de solo, vá e coloque-se na nova posição dela a fim de sentir o novo arranjo.

No fim, cada membro da família estará situado numa posição mais forte, do ponto de vista emocional, na resolução de cura que você criou. Emoções como a boa vontade, a compreensão, a solicitude, a autoconfiança ou a alegria que você sentir nessas posições serão sinais de que está avançando na direção correta. Examine seus sentimentos em cada posição individual, reflita sobre o novo arranjo e tome nota de seus pensamentos no caderno. A fig. 5 o ajudará a orientar-se e mostra uma resolução de cura idealizada.

Sua resolução de cura é uma realização maravilhosa — você tomou a iniciativa de dar mais amor, harmonia e paz a si mesmo e à sua família. Obrigado.

fig. 5

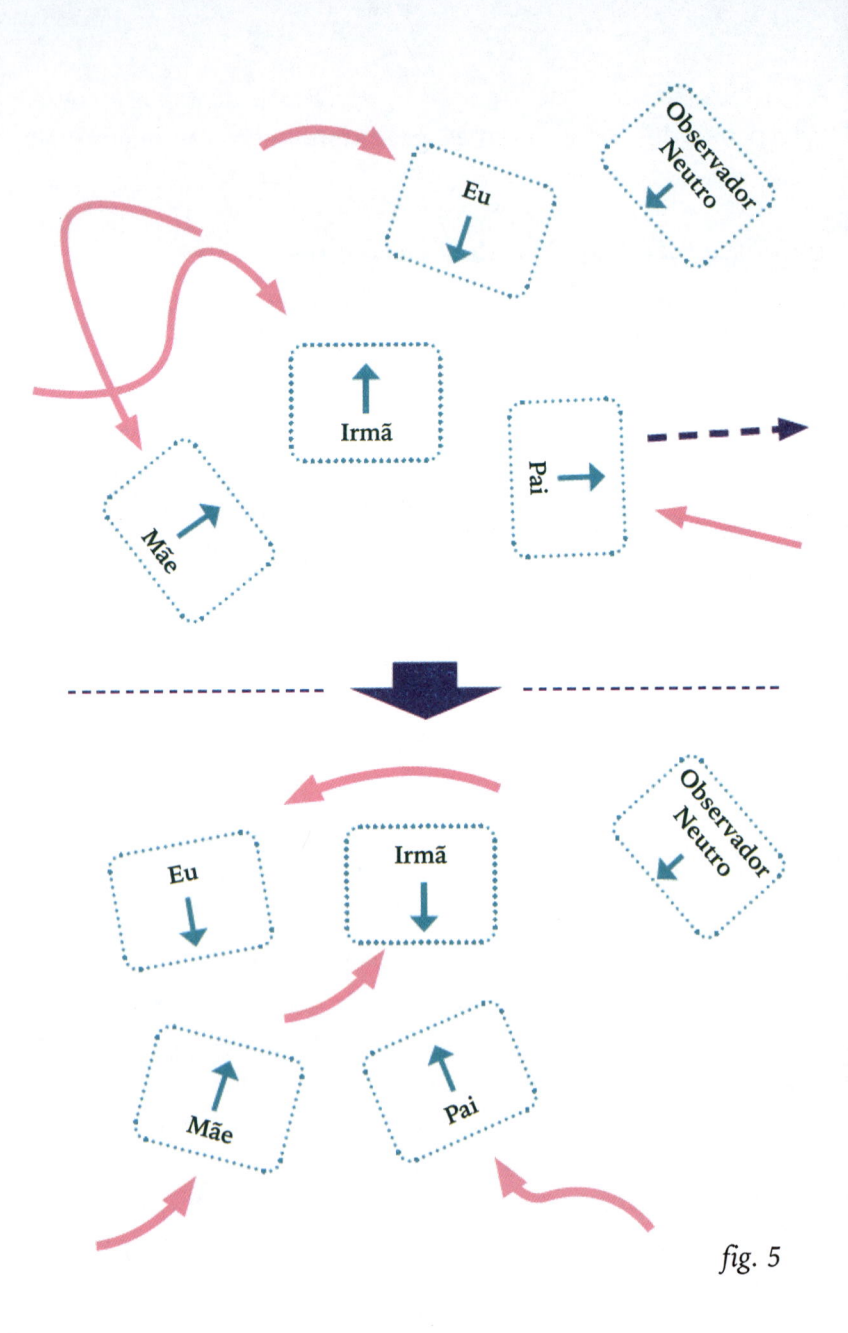

Outros fatores

A família

Sua família de nascimento e/ou família de origem

O termo "família de nascimento" e/ou "família de origem" refere-se à ascendência direta do cliente — seus parentes de sangue e seus antepassados. O raio eficaz de uma constelação familiar inclui três gerações: o cliente e seus irmãos, os pais e os avós. Alguns facilitadores também incluem aí o padrasto, a madrasta e os pais adotivos.

Sua família de nascimento inclui você, seus pais, seus irmãos e meios-irmãos, quaisquer crianças abortadas natural ou artificialmente (incluindo abortos submetidos à "lei do silêncio"), os irmãos de seus pais, seus avós e bisavós e todos os irmãos deles.

Exercício

Um exercício sobre a sua família de nascimento

Faça uma árvore genealógica que chegue até seus avós. Anote as datas de nascimento (e de morte, se for o caso) bem como a profissão de cada membro da família e o que aconteceu com cada um deles.

Sua família atual

Sua família atual inclui todas as pessoas a quem você está ligado pelo fato de morar com elas, estar casado com elas e/ou ter filhos com elas. Isso inclui você, seu companheiro ou companheira, todos os seus filhos (incluindo os filhos de relacionamentos anteriores de conhecimento, ou não, do seu companheiro ou companheira atual), netos, filhos abortados ou mortos e todos os seus companheiros ou companheiras anteriores.

Estudo de caso I

Monica tem um filho chamado Michael de um relacionamento anterior com Peter. Há dois anos está casada com George e estava grávida de gêmeos, mas perdeu os bebês no terceiro mês de gravidez.

Pediu que fizéssemos uma constelação de sua família atual. Há seis pessoas envolvidas: Monica, Peter, Michael, George e os gêmeos. A ilustração mostra a imagem final da constelação, com setas que mostram as diversas conexões para indicar os relacionamentos na família atual.

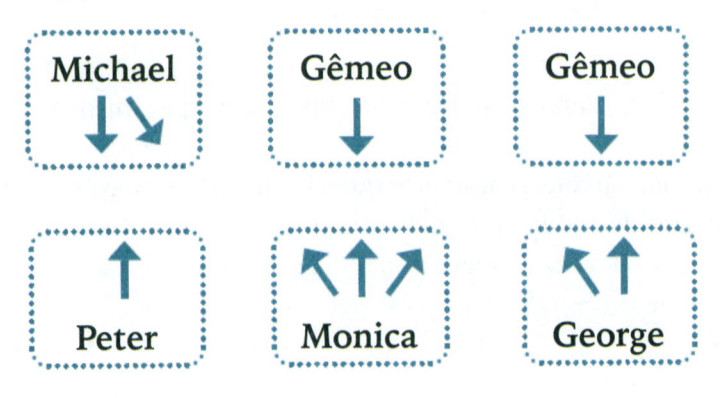

fig. 6

Estudo de caso 2

> *Mike e Gina moram juntos há oito anos, mas não têm filhos juntos. Gina trouxe sua filha Lisa (de seu primeiro casamento com Joseph) para o relacionamento. Mike tem um filho chamado Richard, que mora com a mãe Anna. Anna e Mike nunca chegaram a se casar.*
>
> *A família atual de Gina compreende Mike, Lisa e Joseph. A família atual de Mike compreende Gina, Richard, Lisa e Anna.*

Outras pessoas

Além da sua família de nascimento e da sua família atual, pode haver outras pessoas que influenciam o sistema e que também devem fazer parte da constelação familiar. Podem ser pessoas com as quais você tenha uma obrigação especial, ou indivíduos ou grupos de pessoas que tiveram influência decisiva no destino da família — por exemplo, vítimas ou perpetradores de crimes violentos, pessoas que deixaram ou receberam legados, mas não são membros da família, empregados de uma empresa, pessoas poderosas (caso alguém tenha perdido seus bens em razão da situação política, por exemplo). Nosso sistema estendido também inclui chefes imediatos, colegas de trabalho, clientes, amigos, vizinhos, professores e colegas de estudo — em outras palavras, todas as pessoas que influenciam nossa vida.

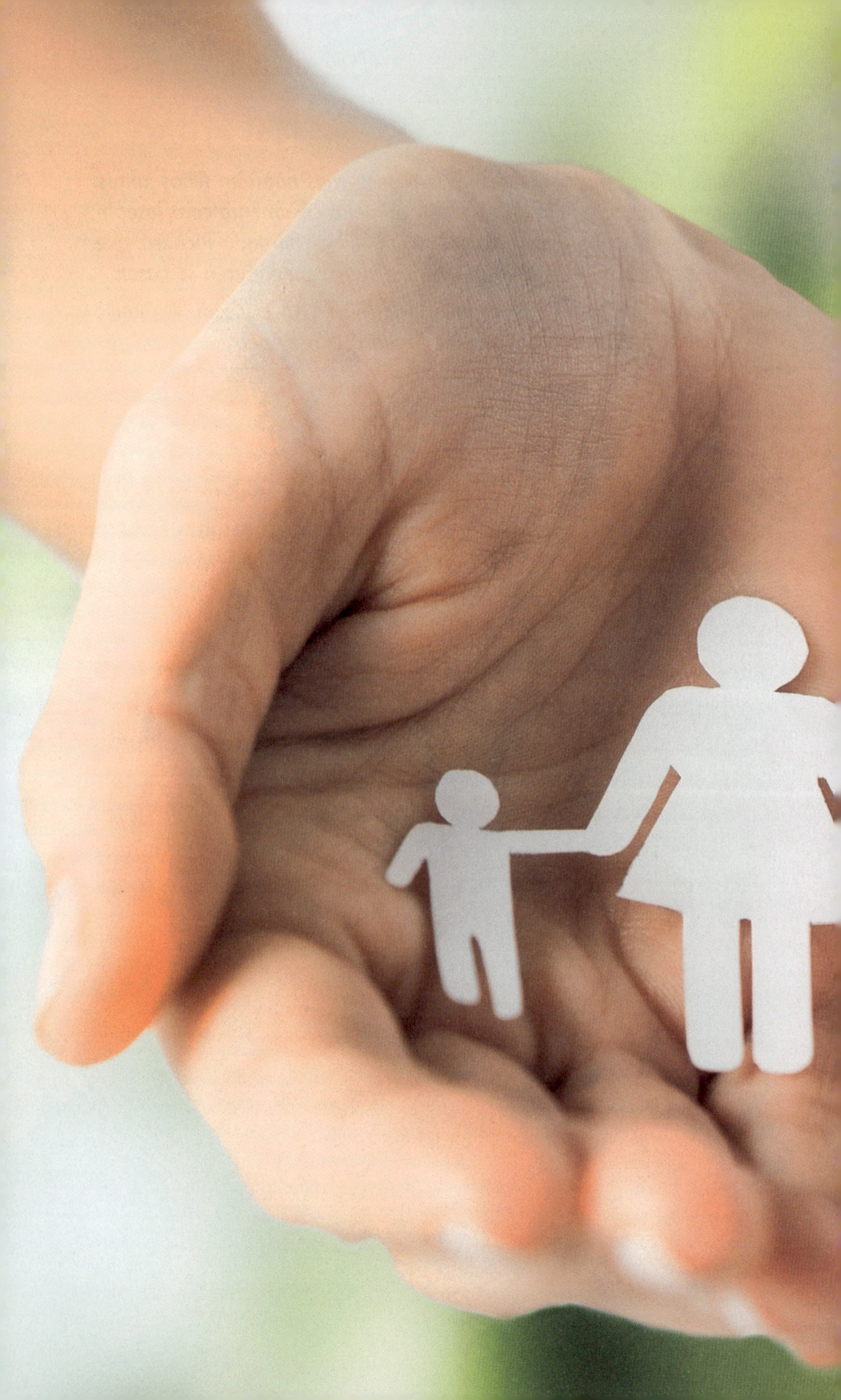

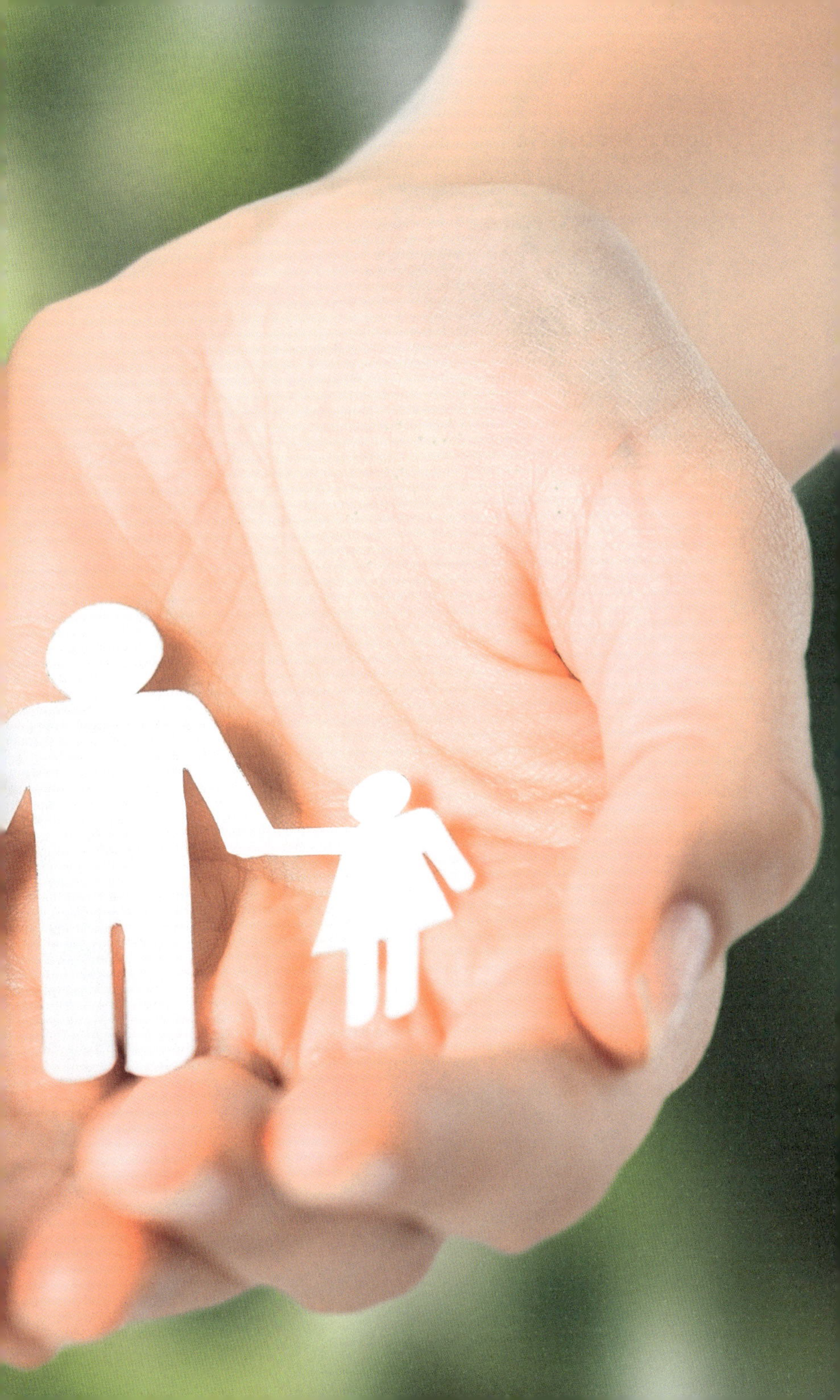

Ordem e sequência

A coisa mais importante para se entender no que diz respeito aos sistemas em geral e às famílias em particular é que todos os participantes têm os mesmos direitos — todos têm direito a viver, sobreviver e prosperar. No entanto, o princípio de ordem e sequência é tão importante quanto o de igualdade de direitos. Eis uma imagem simples que exemplifica esse fato: uma família pequena, composta pelo pai, a mãe e um filho, está dentro de sua casa quando ouve uma confusão do lado de fora. Quem é o primeiro a sair para ver se está tudo bem, e quem fica com a criança? A resposta natural a essa pergunta tem a ver com questões de ordem e sequência e não tem relação nenhuma com termos comparativos referentes ao ego, como "melhor" ou "mais importante". Essa ordem conceitual assume uma dimensão prática quando o que está em jogo é a sobrevivência da espécie: mulheres e crianças primeiro!

Nas constelações familiares, você trabalhará com pequenos rituais (inclinar-se, por exemplo) e frases de cura, cuja formulação precisa, clara e inequívoca as torna extremamente eficazes. Para pôr ordem num sistema, por exemplo, as seguintes frases podem ser ditas em voz alta:

> Sou seu pai. Você é meu filho/minha filha. Sou mais velho. Você é mais novo/nova.
> Sou sua mãe. Você é meu filho/minha filha. Sou mais velha. Você é mais novo/nova.
> Esta é sua avó/este é seu avô.
> Esta é sua filha.
> Este é seu filho.
> Você é meu pai. Sou sua filha/seu filho. Você é mais velho. Sou mais nova/novo.
> Você é minha mãe. Sou sua filha/seu filho. Você é mais velha. Sou mais nova/novo.

O ato de falar e ouvir essas frases ajuda os clientes a se distanciarem de uma possível falta de orientação (Quem sou eu? Qual é meu lugar?) e de qualquer impotência associada, à medida que vão reconhecendo seus pontos fortes naturais.

Na sua escrivaninha, há outro exemplo de ordem e sequência: seu computador só é desligado quando (1) todos os documentos foram salvos e fechados, (2) todos os programas foram fechados e (3) o sistema operacional foi desligado. Nenhum programa funciona sem o sistema operacional, e não se pode editar um documento sem um teclado. É essencial perceber este princípio fundamental: a ordem existe, mas ao mesmo tempo todos têm o mesmo direito à existência. Em qualquer empresa, por exemplo, existe a gerência, a força de trabalho, determinados produtos ou serviços e os clientes — nenhum desses elementos pode existir sem os demais, mas alguns se sentam atrás da mesa e outros, à frente dela.

Para entender melhor o que está por trás desse princípio, vale a pena examinar a história do desenvolvimento do ser humano. Há centenas de milhares de anos, nossos antepassados viviam em cavernas — e não apenas quando não estava chovendo. Naquela época, as pessoas olhavam para o fogo (hoje olhamos para a televisão). Os homens saíam para caçar enquanto as mulheres e crianças olhavam para o fogo no centro da caverna. Os conceitos e ideias de "mãe" (latim: *mater*), "matéria" (latim: *materia*), "terra", "caverna", "fogueira", "forno", "centro", "retorno", "preservação", "vida" e "morte" estão todos associados a essa imagem arcaica da feminilidade. Do pó viemos e ao pó retornaremos. O princípio feminino é introvertido; é o princípio da proteção e preservação, da criação, da geração de filhos — pense na abóboda celeste à noite, a Grande Mãe e a Mãe Eterna da qual tudo provém e à qual tudo retorna.

Quando nos despedimos das cavernas, deixamos para trás o período Neolítico e penetramos no mundo antigo, encontramos a ideia de *oikós*. Os seguidores do grande filósofo grego Sócrates (469-399 a.C.) ressaltavam a igualdade entre homens e mulheres e atribuíam a estas últimas a responsabilidade e a autoridade no *oikós* (na direção da casa e gestão das finanças). As mulheres eram essenciais para alimentar a família e cuidavam da terra para conservar a riqueza material.

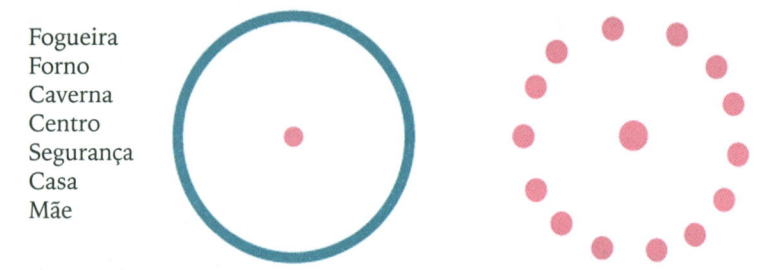

Fogueira
Forno
Caverna
Centro
Segurança
Casa
Mãe

As pessoas que incorporam os conceitos de *Oikos* (à esquerda) e *Ohana* (à direita) encontram-se no centro de sua própria vida, como o personagem principal de uma peça de teatro. (*fig. 7*)

Mas olhemos de novo para nossa caverna, desta vez para os homens. Eles se sentam ao redor do fogo e contam histórias uns aos outros sobre as coisas que lhes aconteceram nas expedições de caça fora da caverna. Os homens são guerreiros e saem para enfrentar o mundo — às vezes com uma espada, às vezes com um arado. Numa palestra, o consultor corporativo norte-americano Guy Kawasaki fez uma brincadeira, atribuindo esse fato ao "gene assassino"; segundo Kawasaki, esse gene faz com que os homens movam guerra contra outros países e construam armas, adquiram empresas ou as derrubem.

Estudo de caso

> Caroline não tem autoconfiança. Dada pela mãe alcoólatra para adoção quando ainda era bebê, sentiu que não foi amada. Depois de sofrer abuso nas mãos do pai adotivo, procurou encontrar a estabilidade numa série de relacionamentos, mas só encontrou satisfação no trabalho.
>
> Na terapia, toma-se a decisão de separar os dois temas: o abuso e a adoção. Duas constelações familiares são feitas com Caroline, em duas sessões. Depois de encontrada a formação de resolução de cura para a constelação da adoção, as seguintes frases de cura são ditas. A representante da mãe biológica diz: "Sou sua mãe e você é minha filha. Dei você para outra pessoa criar. Fiz isso por amor. Sinto muito por nunca ter visto você. Nunca vi sequer a mim mesma. Por favor, me perdoe. Obrigada". Caroline, então, diz: "Você é minha mãe e sou sua filha. Embora você tenha me dado para outra pessoa criar, sempre será minha mãe. Realmente, tudo isso é só amor. Obrigada".

Lá no fundo, toda criança adotada procura a mãe biológica. Por mais que as feridas sejam fundas e dolorosas, toda pessoa busca encontrar essa segurança original — quer se trate de Caroline ou de Steve Jobs (1955-2011), o fundador da Apple. Toda pessoa busca essa essência da vida, e a mesma coisa vale para quem dá uma criança ou para quem a recebe — na verdade, é sempre o amor que nós procuramos e tentamos expressar.

Exercício

Um exercício de frases e rituais de cura

Visualize sua mãe biológica em pé, a uma distância confortável — uma distância que lhe pareça boa. Incline-se diante dela e diga lentamente: "Você me deu à luz. Passei nove meses na sua barriga. Meu corpo veio de você. Você me trouxe ao mundo, correndo o risco de morrer. Você me deu a vida. Obrigado".

Agora visualize seu pai biológico em pé, a uma distância confortável — uma distância que lhe pareça boa. Incline-se diante dele e diga lentamente: "Você me concebeu. A vida veio a mim por meio de você, e por isso lhe agradeço. A vida é a coisa mais valiosa que existe, e vou fazer algo de útil com a minha. Obrigado".

O que mantém uma família unida — algumas ideias sobre a alma, a alma da família e a consciência

As constelações familiares têm o objetivo de esclarecer duas questões: (1) como se emaranham os relacionamentos familiares e (2) o que pode fazer com que eles se desemaranhem? Ou, visto de outra forma: o que une a família e como o amor compartilhado pode sair vitorioso no final?

Aqui estamos falando sobre energias de união, em particular sobre a alma individual e a alma da família; o termo "alma" se refere não somente à essência espiritual da pessoa, como no sânscrito (*atman* = sopro da vida) ou no hebraico (*rûah* = sopro), mas também a uma espécie de campo psicológico que mantém as famílias unidas; por isso, também usaremos termos como lealdade e consciência. É por isso que a constelação toca em temas psicológicos como a personalidade e as motivações — ou seja, os motivos que temos para fazer as coisas, às vezes de forma contrária à que nos parece a mais adequada.

Em resumo, podemos dizer que sob alguns aspectos a pessoa age de acordo com motivações individualistas, mas sob outros aspectos continua ligada aos valores de sua família. Encontramos esse fenômeno naqueles casos em que as pessoas sabotam o próprio sucesso porque creem inconscientemente que serão expulsas da tribo — da família — caso ganhem mais dinheiro que seus pais, por exemplo. Muitos comportamentos de autossabotagem têm origem nessa lealdade à família. Num seminário comandado pelo sueco Leo Angart, por exemplo, havia uma mulher que usava óculos por lealdade inconsciente à mãe, apesar de enxergar bem; e, num dos meus cursos, conheci uma mulher que admitiu ter se convencido de que tinha diabetes só para ter algo em comum com o pai e o irmão.

Esta história fala da alma, dos valores e dos padrões de comportamento de uma família:

Um tigre, um caçador e um urso

Certa vez, um caçador avançava pela vegetação espessa no coração da floresta quando, de repente, se viu frente a frente com um poderoso tigre. Aterrorizado, o caçador correu e subiu na árvore mais próxima, escalando cada vez mais para o alto a fim de escapar às garras afiadas do tigre. Quando já não conseguia subir mais, deu de cara com um urso que também havia fugido para o alto da árvore. O tigre chamou o urso e disse: "Irmão, este é o nosso inimigo comum. Por ganância, ele matou incontáveis animais e decorou seus salões com as cabeças e peles de seus parentes. Os seres humanos se orgulham de ser a coroa da criação, mas agora você tem uma oportunidade: atire-o para baixo, aos meus pés, e ele receberá o troco por tudo o que fez". O urso respondeu: "Meu senhor, este caçador buscou refúgio em minha casa. Não seria correto entregar alguém que busca ajuda. Com efeito, mesmo que este homem tenha agido por ganância, não é digno de uma criatura de elevada inteligência entregar à morte certa uma criatura fraca e sofredora". Então, o tigre disse ao caçador: "Caçador, como você ouviu, o urso não lhe fará mal algum — atire-o para baixo, pois estou com fome. Depois de comê-lo, você poderá seguir seu caminho ileso. Esta é a promessa que lhe faço em nome de minha honra de tigre".

O caçador deu um pontapé no urso e o fez cair de seu galho. No entanto, o urso agarrou-se no galho logo abaixo e conseguiu se salvar. O tigre então falou novamente com voz de trovão: "Aí está, irmão urso! Mais um exemplo da atitude desprezível do ser humano. Ele só pensa em si. Fala mal de nossa Grande Mãe e de todas as coisas e é o inimigo de todos os seres vivos. Agora que sabe que ele queria matá-lo, pode entregá-lo a mim sem pensar duas vezes". O urso, no entanto, respondeu: "Nunca ouvi falar de um caso em que a vingança tenha feito bem a um ser vivo — é um veneno que sempre mata quem a pratica. Pagar o mal com o mal é um grande pecado. Nunca trairei nem desistirei dos valores dos ursos, que consistem em meditar e buscar a verdade; mesmo que alguém me trate mal, não é correto que eu me avilte por meio da vingança".

Erro no sistema — a exclusão e os problemas que ela causa

Como todos sabem, um time de futebol tem onze jogadores. Quando um deles leva cartão vermelho e tem de ir para o banco, os dez jogadores restantes também são afetados; de algum modo, têm de pôr algo no lugar do que saiu, têm de encontrar um "substituto" sem poder usar um substituto propriamente dito. Na família é a mesma coisa: quando alguém é tirado da família — por não se encaixar na imagem que a família faz de si, por ter ido embora ou por ter morrido* —, outra pessoa terá de representá-lo. A pessoa que assume essa posição de representação já não se encontra em seu lugar natural e se torna, como habitualmente se vê nas constelações sistêmicas, "enredada" — mas enredada no quê? A pessoa (e aqui pode tratar-se também de um objeto, como uma casa, por exemplo) agora tem uma relação diferente com a família. Consciente ou inconscientemente, essa pessoa agora procura cumprir obrigações e deveres e atender a expectativas que não são suas, e, em consequência disso, manifesta um comportamento antinatural. Se distancia cada vez mais do seu próprio ser. Conclusão: a exclusão de um membro da família cria um problema, e a reincorporação da pessoa excluída traz a solução.

Exercício

Um exercício para que sua vida seja um sucesso

A partir de hoje, todos os dias, passe alguns minutos num lugar tranquilo onde você possa pensar sobre os seguintes assuntos:

---

* O termo "morrido" se refere sobretudo às vítimas de crimes violentos ou às baixas de guerra.

Quem sou eu?
Qual é meu verdadeiro lugar na vida?
Quais são meus objetivos?
O que posso oferecer à vida?

Essa meditação diária o conduzirá à essência da vida e à única coisa que você pode realmente chamar de "sua" — você mesmo. Conheça a si mesmo.

Sempre que tinham de responder a perguntas importantes, os heróis do mundo antigo iam ao Templo do Sol buscar os conselhos do deus Apolo, que poderia lhes dar uma visão clara e lúcida. Na porta do santuário estava escrito "Conhece-te a ti mesmo" (grego: *gnothi seauton*) ou, em outras palavras: "Reconheça quem você é e se torne a pessoa que você realmente é". Curar-se significa tornar-se íntegro e/ou completo. Por isso, só podemos ser felizes quando nos sentimos completos — ou seja, quando não há nada em nós que nós mesmos rejeitamos.
Você é a única pessoa que lhe fará companhia até o fim da sua vida. Por isso, é absolutamente necessário que você se ame, se perdoe, esteja contente consigo mesmo e encontre seu próprio centro.

Durante seu período diário de autoanálise, responda às seguintes perguntas:

Há alguém em minha família...
... com cujo destino infeliz me identifico?
... cujos sentimentos ajudo a suportar?
... a quem imito a fim de expiar um sentimento de culpa?

... a quem imito para evidenciar uma injustiça?
... por cujo destino tento assumir a responsabilidade?
... (talvez um parente morto) a quem tento seguir na morte?

Ambiente

O Dr. Bruce Lipton, um biólogo norte-americano, fez pesquisas na Universidade de Stanford na década de 1990 para tentar provar que as células-tronco se desenvolvem de acordo com seu ambiente. O fato de uma célula-tronco se transformar numa célula do tecido conjuntivo, do tecido muscular ou do tecido nervoso depende daquilo que há ao redor dela. Do mesmo modo, o desenvolvimento de uma pessoa é determinado por seu ambiente social e cultural — pela língua ali falada, pela quantidade de amor que ela recebe e pelos valores, ansiedades e preocupações que fazem parte da vida ali —, e essa influência começa nas experiências que temos ainda no útero. Se você tivesse nascido em outra parte do mundo, hoje falaria outra língua, teria outra formação cultural e, em razão dos valores que lhe tivessem sido transmitidos, teria outras ideias sobre você mesmo e o mundo ao seu redor. Com efeito, mesmo que tivesse nascido num lugar bem próximo — a poucas horas de avião, por exemplo —, é possível que você odiasse o lugar onde hoje habita. Isso seria uma pena, não é mesmo?

Motivado pelo desejo de completar o legado espiritual da psicóloga alemã Martha Muchow (1892-1933), Kurt Lewin (1890-1947), professor da Universidade de Berlim, fez pesquisas sobre a influência do ambiente. Em 1936, três anos depois de se mudar para os EUA, formulou a seguinte teoria:

nosso comportamento (C) depende do nosso ambiente (A) e da nossa personalidade (P). P e A são mutuamente interdependentes, o que levou Lewin a criar a seguinte função matemática: C = f (A, P). Podemos, portanto, nos propor a seguinte pergunta: "Quem sou eu, e quem é a pessoa que me tornei sob a influência de meu ambiente psicológico (que vai do útero ao jardim de infância e daí à universidade, e vai muito além da rua onde cresci)?" Foi a mesma pergunta que fez a si mesma a águia criada no galinheiro. Vamos à história.

A águia no galinheiro

Ninguém sabe exatamente como isso aconteceu — nem mesmo Henriqueta, a mais sábia das galinhas, é capaz de lembrar —, mas uma bela manhã havia entre os ovos de galinha um outro ovo que parecia um pouco diferente dos demais. "Não tem importância", pensou ela, e continuou chocando como sempre. Os pintinhos logo nasceram e um deles, de fato, era um pouquinho diferente dos outros. Era também mais desajeitado e, por não ser tão bom em ciscar sementinhas no chão, era constantemente provocado. "Se os outros a provocam, é por culpa dela", diziam as galinhas — afinal de contas, era ela quem não queria fazer o que todas as outras galinhas faziam. Era uma galinha que não cacarejava nem ciscava o chão e não se dava bem com o galo. Certa vez, ela disse: "Quero voar no alto do céu e caçar ratos — seria divertido, não?" "Divertido?", disseram as outras com desdém. "Que coisa mais idiota." Assim, a galinha sentou-se num canto e começou a sonhar com a liberdade, ao mesmo tempo que seu coração quase se partia de dor por viver naquele lugar apertado. Sabemos que ela não era uma galinha de modo algum, mas uma aguiazinha.

Um belo dia, apareceu no chão uma sombra escura. "É a sombra da águia", gritaram todas, e saíram correndo. A estranha galinha mais uma vez fez o contrário do que as outras faziam e ficou quieta onde estava. "Essa ave que as outras chamam de águia deve ser essa galinha grande e forte", pensou consigo mesma. Ela apertou o bico e voou até um galho de árvore, usando a técnica que as galinhas haviam lhe ensinado. Sentada ali, viu a sombra aparecer novamente no chão; de repente, viu a águia. Percebeu então que não poderia mais permanecer com as galinhas. Ouviu uma voz no seu interior que dizia: "Siga o caminho do seu destino". Respondeu a si mesma: "Estou pronta!" Então, voou ao alto do céu como uma águia e nunca mais foi vista.

Em 1956, o sociólogo canadense Erving Goffman (1922-1982) formulou um conceito que descreve os papéis que as pessoas representam. Depois, esse conceito se tornou um truísmo psicológico e científico: toda pessoa está permanentemente representando um papel. Dependendo da situação e do ambiente em que nos encontramos num dado momento, fazemos uso de um aspecto diferente da nossa personalidade. Como atores numa peça, conseguimos representar diferentes papéis no palco da vida; no entanto, todos esses papéis fazem parte da nossa personalidade, de modo que nunca deixamos de ser nós mesmos.

Exercício

Um exercício para identificar papéis

Examine o efeito que diversas situações, pessoas e lugares têm no seu comportamento. Quais papéis você desempenha na sua família atual, na família em que nasceu, no trabalho, no clube, quando está no caixa do banco ou no mecânico, quando está tomando banho de sol na praia ou comendo num restaurante? Além disso, examine o que está acontecendo no seu corpo e pergunte-se com quais padrões e crenças familiares essa sensação pode estar ligada. Quais padrões de comportamento você adotou? Quais decisões tomadas na infância você nunca corrigiu, embora tenham perdido qualquer validade ou aplicabilidade? De maneira igualmente crítica, pergunte-se se você não estaria imitando um membro da família, se você se identifica com alguém da sua família ou se não está tentando partilhar o destino de alguém. Quais dívidas está tentando pagar? Também neste caso você pode trabalhar com uma tabela no seu caderno. Divida a página nas seguintes colunas: (1) Ambiente, (2) Papel, (3) Comportamento, (4) Sensações e emoções, (5) Crenças destrutivas e (6) Imitação e/ou identificação.

Agora que já descobrimos o poder das constelações familiares, podemos passar a um outro método: o eficientíssimo *ho'oponopono*, usado pelos antigos havaianos. Ambos os métodos têm o mesmo objetivo, que é o de curar os relacionamentos e ajudar as pessoas a desenvolver e despertar seu potencial. Quero mostrar a você, agora, o poder da combinação desses dois métodos. Aposto que você mal pode esperar!

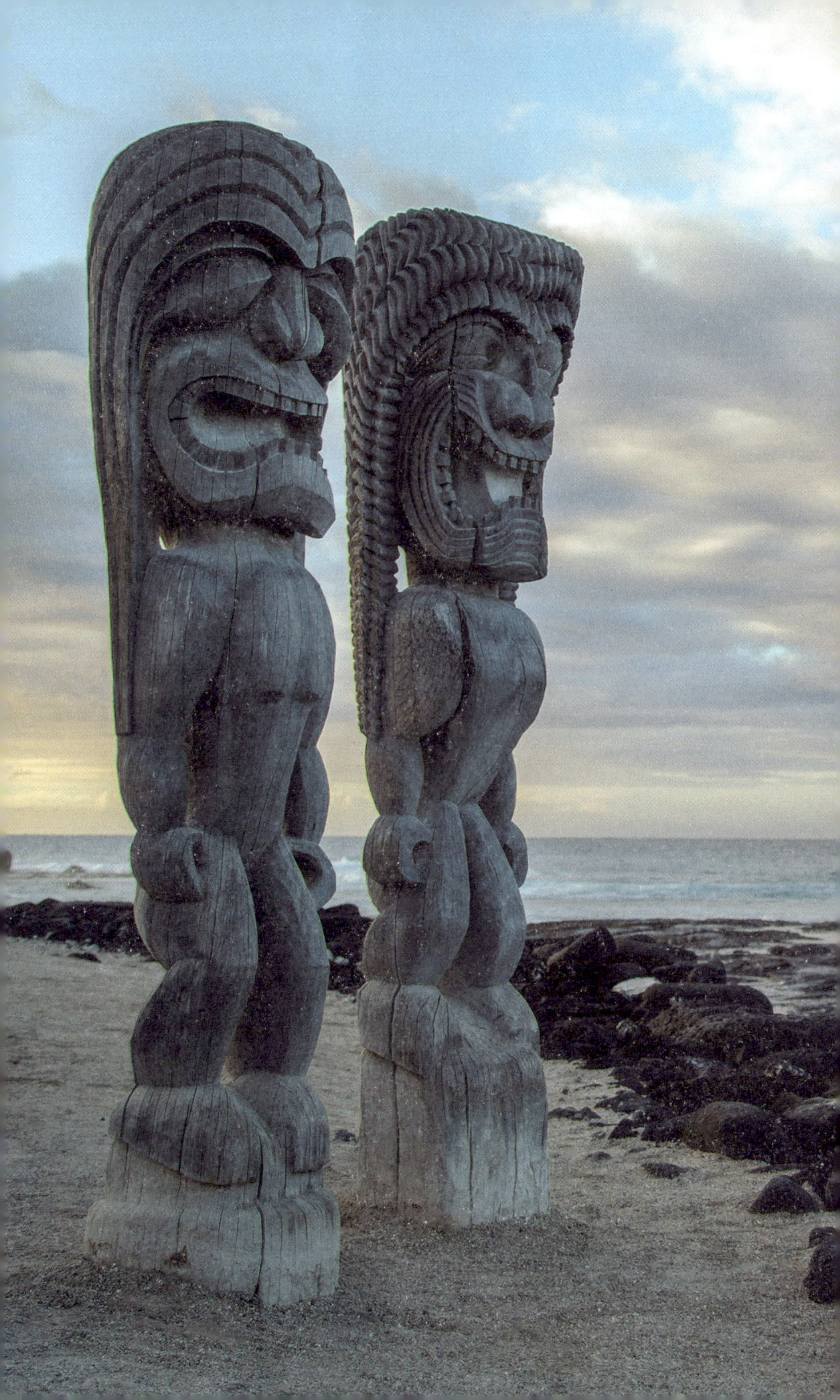

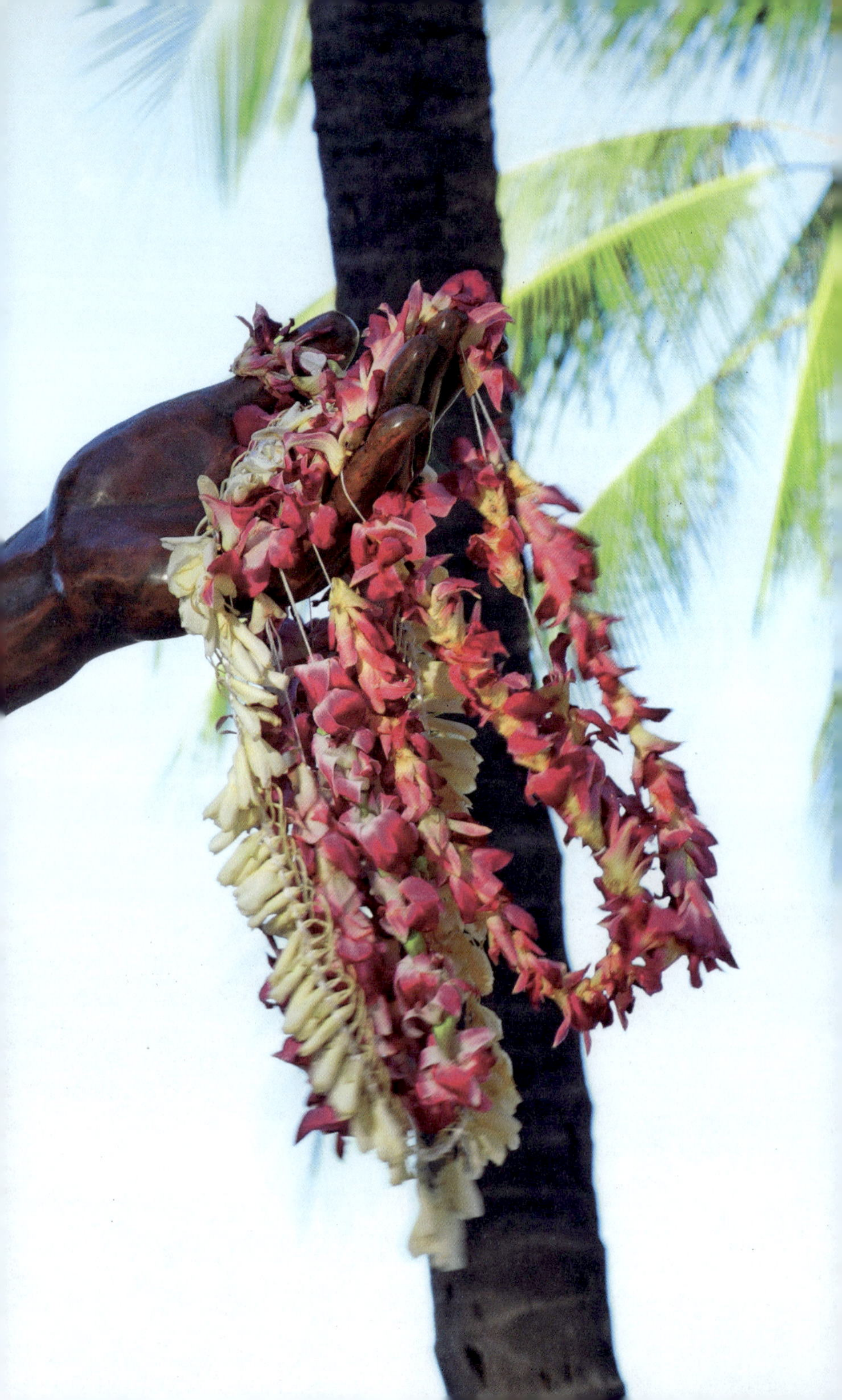

Ho'oponopono

O que é?

Ho'oponopono é um dos conhecimentos da *kahuna*, a antiga tradição xamânica do Havaí, e consiste num método de resolução de problemas pessoais e conflitos interpessoais. O objetivo do *ho'oponopono* é curar os relacionamentos em muitos níveis: (1) com você mesmo, (2) com as outras pessoas, (3) com o ambiente (a natureza) e (4) com a Origem de todas as coisas.

Há séculos que o *ho'oponopono* é praticado como uma espécie de terapia familiar e técnica de mediação, mas nas últimas décadas ele deixou de ser somente a reunião familiar tradicional e se tornou um método de autoajuda que, hoje em dia, é usado muitas vezes de forma simplificada. O ponto principal do *ho'oponopono* é um ritual de perdão. Aceitando, absolvendo, perdoando e reconciliando, o *ho'oponopono* ajuda a nossa vida em três grandes áreas de conflito: (1) relacionamentos, parcerias e família; (2) profissão, vocação e provisão; e (3) ativação dos poderes de autocura (reduzindo o estresse, por exemplo).

O sentido da palavra

Dependendo do contexto, *ho'o* pode significar "fazer, organizar ou construir algo". Também dependendo do contexto, a palavra *pono* pode ser traduzida como (1) "correto", (2) "flexível" ou até (3) "compaixão". Sobretudo em se tratando de relacionamentos, é preciso ser flexível e deixar o ego de lado.

Ignorar pequenos defeitos não é somente um ato de compaixão, mas também algo que torna a vida mais agradável. De maneira geral, as pessoas que impõem muitas regras em um relacionamento viverão dentro de um espaço muito estreito, e quem gosta de morar em uma prisão mental criada por si mesmo? A sacerdotisa havaiana Haleaka Iolani Pule me explicou em 2012: "No *ho'oponopono*, o importante não é quem está certo e quem está errado. O importante são os bons relacionamentos".

Colocando as coisas em ordem novamente

A palavra *ho'oponopono* pode ser traduzida literalmente como "fazer as coisas corretamente", "tornar a endireitar as coisas" ou "restaurar a ordem divina". A ideia por trás da palavra é que todas as coisas fluem a partir de uma Origem ou Fonte (havaiano: *ke akua oi'a'io*), cuja essência, *mana aloha*, é puro amor. Para os havaianos de antigamente, a vida era um grande rio (havaiano: *wai wai*) de riqueza material e espiritual para o qual precisamos apenas nos voltar ou nos abrir mental e espiritualmente. A própria vida é riqueza, e a pessoa que vive em harmonia consigo mesma e com o cosmo é capaz de viver com felicidade, saúde e prosperidade.

Restabelecendo a ordem cósmica

A palavra *pono* aparece duas vezes porque sempre são necessárias duas pessoas — tanto para um relacionamento harmonioso em que todos os envolvidos possam crescer juntos quanto para o conflito, que é exaustivo. Para que um relacionamento seja equilibrado desde sua base, a solução de qualquer problema deve ser *pono* para todos os envolvidos: correta para você e correta para mim. Correta para os seres humanos, correta para os animais, correta para todas as plantas e correta para a Terra. O único objetivo desse método de cura dos conflitos em todos os níveis é chegar a um relacionamento em que todos saiam ganhando. Num relacionamento em que uma das partes ganha e a outra perde — na vida profissional, por exemplo, em que os trabalhadores de países do terceiro mundo perdem a própria saúde em razão de condições precárias de trabalho, ou quando pesticidas que fazem mal ao meio ambiente são usados na agricultura —, a verdade é que todos saem perdendo, pois ninguém pode fundamentar a própria felicidade no sofrimento dos outros.

Ordem perfeita — por dentro e por fora

Ponopono, "ordem perfeita por dentro e por fora", é um conceito baseado no princípio cósmico das ressonâncias (havaiano: *kuolo*). Isso significa, por exemplo, que a poluição ambiental ressoará dentro de você na forma de poluição do coração. Pela mesma razão, as pessoas dotadas de ponderação, que causam menos problemas para os outros seres que habitam o planeta, também sofreriam de menos doenças de estilo de vida. Mas um buraco no coração de quem não tem amor é um abismo sem fundo que clama por ser preenchido. Os sintomas de deficiência só aparecem no mundo em razão desse vácuo no coração, pois a cadeia causal começa no espírito. Também se pode dizer que tudo é criado duas vezes — primeiro em nossa imaginação e depois num nível material.

Le 'ale' ka 'ōlelo i ka pohu aku o loko. Se você está calmo por dentro, tudo o que sai de dentro de você é agradável.

Provérbio havaiano

Correto para você, correto para mim

Quando nossos pensamentos e intenções são amorosos, compassivos e pacíficos, o resultado será agradável. Assim como todas as outras coisas no universo, *ponopono* obedece à lei fundamental de causa e efeito: *ka ua mea*. Tudo o que fazemos ou deixamos de fazer tem um efeito. As circunstâncias da nossa vida não existem por coincidência; resultam dos nossos pensamentos, das decisões que tomamos em razão desses pensamentos e, fundamentalmente, de nossas ações conscientes e inconscientes. Faz diferença você encorajar ou desencorajar um colega com seus comentários. Faz diferença você pensar bem ou mal de alguém. Faz diferença você praticar esportes ou não, você ser um bom ou um mau exemplo para as crianças, você comprar produtos sustentáveis ou não pensar nas consequências do seu consumo. Como seres dotados de livre-arbítrio e do potencial de criar, tudo o que fazemos é um voto a nosso favor ou contra nós, a favor do mundo ou contra ele. Colheremos hoje o que plantamos ontem — e o mesmo vale para o amanhã.

Essa lei de causa e efeito traz em si uma incrível oportunidade para que a humanidade cure a natureza e promova a paz mundial. Para que a humanidade pare de ser um "estraga-prazeres" dentro do sistema e se torne um membro colaborativo da equipe na grande família do mundo, temos de semear novas causas, e assim teremos uma colheita de paz. A paz em nossos corações produzirá a paz no mundo.

As tradições históricas do *ho'oponopono*

O *ho'oponopono* xamânico: curando o corpo

O *ho'oponopono* é a arte da mediação e da reconciliação, do acordo, da cura e da resolução de situações aparentemente sem saída. No antigo Havaí, sempre que havia um problema, um *kahuna-ho'oponopono* era chamado para curá-lo do começo ao fim, em todos os seus detalhes. O *kahuna-ho'oponopono* era um especialista na *huna*, ou seja, no conhecimento oculto. Ele fazia uma investigação para identificar as causas espirituais do conflito e, depois de corrigi-las, a ordem retornava ao plano material da existência.

- O facilitador e mediador — *haku* e *tutu*
- O xamã — *kahuna-ho'oponopono*
- O companheiro dos deuses — *kanaloa*

O facilitador numa reunião familiar desse tipo é chamado de *haku* e é sempre visto como uma autoridade neutra. Ele (ou ela) atua como mediador neutro entre as partes em conflito — ou seja, entre as vítimas, os perpetradores e qualquer outra pessoa envolvida no drama (havaiano: *hihia*). Sempre que havia um problema — quer um problema de família, quer um problema pessoal, como uma doença, por exemplo — o *kahuna-ho'oponopono* era chamado. Como o terapeuta grego, esse xamã era um servo dos deuses que só disponibilizava seu saber e sua experiência aos crentes; uma das precondições mais importantes para o sucesso de um *ho'oponopono* realizado por um *kahuna* era a confiança. Sabemos que a fé move montanhas, e assim que alguém manifestava a menor dúvida acerca do poder de um *kahuna*, o xamã recomendava outro especialista, pedia licença e ia embora.

A imagem clássica e o modelo de um grande curandeiro da tradição *huna* são uma espécie de super-homem chamado *kanaloa*. *Kane* significa "ser humano" e "espírito do espírito de deus", e *loa* é a luz de *mana loa*. *Kanaloa* era um companheiro dos deuses, dotado de tremendo poder de cura em razão da pureza de seu coração — uma figura que lembra Jesus, o qual tinha um poder de cura quase ilimitado.

> *Mai nana 'ino 'ino na hewa o kanaka*
> *aka e huikala a ma 'ema 'e no.*
> *Não olhe para os pecados da pessoa de má vontade — ao contrário, perdoe e purifique.*
>
> Rainha Lili'uokalani (1838-1917)

O *ho'oponopono* tradicional: curando os relacionamentos

Os primeiros registros escritos sobre o *ho'oponopono* se encontram em obras publicadas pela cientista e escritora havaiana Mary Kawena Pukui (1895-1986), que começou a escrever sobre a cultura havaiana na década de 1930. Esses livros apresentam o *ho'oponopono* ao Ocidente como uma terapia familiar em quatro estágios que procura acabar com os mal-entendidos e os maus comportamentos fazendo as pessoas entrarem em acordo. Os livros não poderiam ter sido lançados em melhor época, pois a sociedade norte-americana vivia o auge de sua prosperidade após a Segunda Guerra Mundial e a psicoterapia individualista e centrada no cliente, baseada na obra de Sigmund Freud (1856-1939), era bastante receptiva a esse novo tipo de terapia familiar de orientação sistêmica.

Um resumo dos quatro estágios de uma reunião familiar*

Num *ho'oponopono* tradicional, a família se reunia todas as noites a fim de limpar tudo aquilo que precisava ficar para trás — possíveis mal-entendidos, estresse, conflitos de relacionamento, diferenças de opinião, inveja, ansiedades — antes ainda do pôr do sol. Não se permitia que nenhuma emoção ou sentimento negativo criasse raízes. Esse ritual quase profilático mantinha estável o sistema familiar, pois atendia às seguintes necessidades primárias: reconhecimento, respeito, integridade, lealdade.

(1) *pule*, conexão: a família se junta para resolver um problema (havaiano: *pilikia*). Trata-se de uma reunião fechada e de uma conexão de todos os presentes com a Origem por meio da oração. Falam-se palavras em voz alta sobre os objetivos comuns da *Ohana*, e todos os presentes são abençoados a fim de obterem o sucesso naquilo que vão fazer.

(2) *mahiki*, análise do problema: os participantes discutem o assunto em detalhes sob a orientação de um facilitador, o *haku*, e reconhecem sua responsabilidade pessoal. A fim de melhorar o entendimento mútuo, os papéis da vítima e do perpetrador são trocados — cada parceiro no conflito tem de viver o papel do outro e falar e argumentar a partir daquela perspectiva.

---

* No Apêndice, há um relato completo dos estágios da reunião familiar.

(3) *mihi*, reparação e mútuo perdão: qualquer coisa material devida é devolvida. Todos os participantes pedem a absolvição (no nível intelectual) e o perdão (no nível emocional). Todos os envolvidos perdoam-se incondicionalmente.

(4) *kala*, liberdade pelo perdão: uma vez liberados todos os sentimentos negativos, os envolvidos manifestam sua intenção de agir de modo construtivo a partir de então, num espírito de comunidade.

Aqui já se evidenciam as semelhanças com o procedimento da constelação familiar: a questão (*pilikia*), o grupo (*ohana*), o terapeuta (*haku*), os representantes (a troca de papéis no *mahiki*), a caminhada rumo à resolução de cura (*mahiki* e *mihi*) e a própria resolução de cura (reconciliação, *mihi* e *kala*).

Perdoe antes de o sol se pôr.
Provérbio havaiano

O *ho'oponopono* moderno: ajudando você a se ajudar

Se você se lembra da série de TV *Os Waltons*, será capaz de imaginar uma grande família (avós, pais e inúmeros filhos) que, toda noite, se reunia respeitosamente ao redor do único rádio (e, depois, da única televisão) da casa. Essa época terminou na década de 1970 — introduziu-se a TV em cores e o número de canais foi aumentando cada vez mais. Em pouco tempo, cada membro da família já tinha seu próprio televisor — e seus próprios problemas. As famílias se desagregaram em certa medida e começaram a precisar de ajuda. Por isso, Morrnah Nalamaku Simeona, sobrinha-neta de Mary Kawena Pukui (de quem já falamos), adaptou a reunião familiar às condições modernas, integrando elementos cristãos e indianos e dando-lhe a feição de um método de autoajuda. Tornou-se então possível praticar o *ho'oponopono* sozinho, sem um *haku* atuando como facilitador entre as partes adversárias. Trata-se de um método de doze passos que inclui orações.

O *ho'oponopono* simplificado: a fórmula da paz em quatro frases

O *ho'oponopono* de quatro estágios se tornou mais conhecido nos últimos anos. Essa versão foi criada pelo Dr. Ihaleakala Hew Len, aluno de Morrnah Nalamaku Simeona, que ganhou fama na década de 1980 quando curou vários criminosos condenados e portadores de doenças mentais usando apenas sua forma simplificada de *ho'oponopono*.* O objetivo desse *ho'oponopono* simplificado é resolver rapidamente os conflitos e recuperar o equilíbrio interior — ou seja, ajudar o indivíduo a afastar-se da separação e reaproximar-se do centro, aproximando-se também, em consequência, da cura. No centro, você encontrará um jeito de purificar as memórias disfuncionais — podemos chamá-las também de dados neurais — que tornam os problemas piores do que são na realidade. Muitas vezes surgem conflitos que pouco têm a ver com o assunto e cujas raízes estão em nossa percepção e em nossos traumas e memórias de infância.

> Sinto muito. Por favor, me perdoe. Eu te amo. Sou grato.

---

* Para saber mais sobre essa história, consulte Ulrich Emil Duprée, *Ho'oponopono: The Hawaiian Forgiveness Ritual as the Key to Your Life's Fulfiment*, Earthdancer, 2012.

Essas quatro frases e/ou estágios do moderno *ho'oponopono* resumem a seção intermediária do *ho'oponopono* tradicional — o perdão recíproco (em havaiano: *mihi*) —, e é a simplicidade dessa fórmula de paz que distingue todo o conceito de conflito no contexto do *ho'oponopono*.

Sinto muito.

Aceito as coisas negativas e/ou as coisas dentro de mim que atrapalham o caminho do amor. Sinto muito porque eu e meus antepassados fizemos mal a você e a seus antepassados, consciente ou inconscientemente. Sinto muito por ter feito mal aos outros e perturbado seu desenvolvimento, consciente ou inconscientemente. Me arrependo disso e peço perdão.

Por favor, me perdoe. — Perdoo a mim mesmo.

Perdoo a mim mesmo pelas coisas negativas dentro de mim. Perdoo a mim mesmo por ter me colocado nessa posição. Perdoo a mim mesmo por ter sido o perpetrador. Peço que me perdoem por fazer parte do problema. Perdoo a mim mesmo porque me sinto culpado. Perdoo o perpetrador e liberto a ele e à minha própria vitimização.

Eu me amo. — Eu te amo.

Respeito a mim mesmo e respeito você. Amo a mim mesmo com todas as minhas fraquezas e me aceito como sou. Amo as coisas como são. Tenho fé em que esta situação me ajudará a progredir. Respeito a situação que está me mostrando o que fazer. Amo a situação que veio a mim para me trazer de volta ao fluxo da vida. Vejo a divindade em você e vejo a divindade em mim. Usarei essa percepção para dar nova forma à situação. O amor é o único poder e o maior poder no universo.

Sou grato.

Sou grato a você pela bênção oculta nesta situação. Sou grato a você por esta transformação. Sou grato a você por ter percebido isto. Sou grato a você pela experiência que tive. Sou grato a você pela melhor solução para mim e para todos os envolvidos. Permito que esta cura aconteça. Sou grato a você por este milagre. Sou grato a você por minha vida.

Com as palavras "sou grato", você dá permissão para que a cura aconteça e para que sejam deletados, por assim dizer, os dados que levaram ao conflito. Você agradece quando recebe algo e, como não consegue pensar em duas coisas ao mesmo tempo, da falta de gratidão você passa imediatamente à abundância. Dizer "sou grato" significa acreditar e/ou estar convicto de que você já recebeu algo — seria loucura dizer que você é grato(a) quando está de mãos vazias. Não é possível enganar o universo simplesmente fazendo a intenção de receber algo e dizendo de antemão que é grato(a). A dúvida é o impulso (sânscrito: *vrit*) original e é altamente eficaz. Além da dúvida, do medo e da falta de confiança, outro obstáculo à cura e/ou à purificação é que muita gente quer ser saudável, mas não está disposta a fazer nada nesse sentido. O principal motivo desse fato é a presença de uma "recompensa oculta": inconscientemente, essas pessoas acreditam que uma necessidade (o reconhecimento da paz, por exemplo) será atendida se o problema for conservado — no fundo de sua alma, cada pessoa age em busca de determinados objetivos.

Quem ou o que é curado no *ho'oponopono*?

O *ho'oponopono* é um sistema direcionado para uma solução. Nos seminários e cursos que conduzo com minha companheira Andrea Bruchacova, os participantes têm a experiência de encontrar sua "parte" e/ou sua ressonância nos problemas. O termo "parte" deve ser compreendido como uma resposta às seguintes perguntas:

> Qual é minha ligação pessoal com a questão?
> Há algo de feio, negativo ou desestruturado em mim que possa ter um efeito sobre o campo morfogenético?
> Quais outros comportamentos destrutivos existem dentro de mim?

Temos de nos perguntar o que tal obstáculo tem a dizer sobre nós e como o obstáculo pode nos ajudar a seguir em frente: pode-se afirmar que toda situação e todo problema contêm uma mensagem, de modo que não representa uma ameaça. Essa abordagem nos permite reconhecer o significado por trás do problema ou situação, e os envolvidos passam de um estado de fraqueza e impotência para um estado de força e autodeterminação. Podemos fazer uso disso numa constelação familiar. O uso da constelação para eliminar padrões, emaranhamentos e hábitos destrutivos, como numa reunião familiar havaiana, cria novas oportunidades e efeitos sinergéticos para o cliente. Dependendo da questão, podemos trabalhar com as quatro variantes do *ho'oponopono* e orientar pessoas e organizações rumo à capacidade de resolverem sozinhas seus problemas no futuro.

Causas e problemas

A *huna* nos diz que os problemas são sinais e sintomas de tensão energética. Uma injustiça ocorreu em algum momento do passado — houve um rompimento da lei cósmica da harmonia, que impediu o fluxo de energia. Enquanto há equilíbrio entre o dar e o receber, *wai wai* — o fluxo de riqueza material e espiritual — prossegue ininterrupto e os seres humanos, os animais e a Natureza podem viver com felicidade e saúde, sem que nada lhes falte. No entanto, se algum membro da grande *ohana* age sem respeito, ofendendo ou fazendo mal a alguém, esse ato produz desarmonia e perturbações energéticas. Essas perturbações também se criam quando alguém dá ou recebe uma quantidade excessiva de amor, pois isso também interfere na harmonia. O dar e o receber devem estar em equilíbrio, assim como a respiração — quando alguém só dá ou só recebe, isso resulta em desequilíbrio e desarmonia.

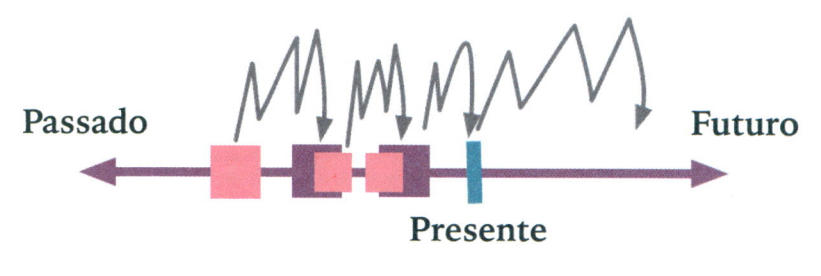

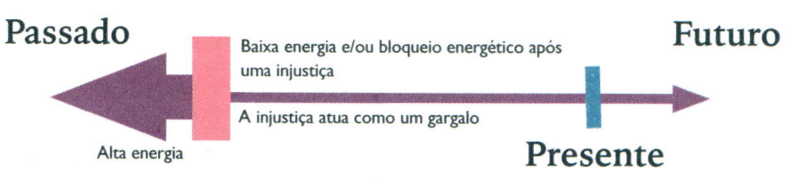

fig. 8

As pessoas veem o mundo sob a perspectiva de suas próprias experiências, das experiências de seus antepassados e do contexto de seu meio cultural. Experiências danosas e traumáticas no passado podem exercer uma influência sobre o presente, resultando em bloqueios energéticos que podem causar problemas físicos e mentais e gerar circunstâncias difíceis na vida.

As tensões energéticas se criam quando há excesso de negatividade (que chamamos de injustiça). A energia não consegue fluir, geram-se conflitos grandes e pequenos e tudo isso se expressa em brigas por coisas triviais e em ansiedade, doença, dívidas, danos ambientais e ameaças. Todos os conflitos são sintomas, efeitos e reações a uma injustiça trazida a este mundo por nós ou nossos antepassados. A lei de causa e efeito, que é um juiz impassível, nos obriga então a passar pelas experiências que nós mesmos causamos a fim de que possamos aprender com elas.

O amor e a Origem

A eliminação e a purificação do gosto amargo dos traumas psíquicos, mentais e emocionais ocorrem graças à Origem (havaiano: *ke akua*), o deus amoroso que habita em seu coração. No próprio âmago dessa Origem existe *aloha*, o amor incondicional que brilha sobre todas as coisas, como o sol. Os atos de não julgar e de formular uma intenção clara são os ingredientes que fazem com que um campo quântico de infinitas possibilidades assuma uma forma e se torne uma realidade.* Essa intenção é formulada no *kūkulu kumuhana*,

---

* Saiba mais sobre esse assunto em *"Ike — ponto de vista: o mundo é subjetivo"*, p. 91.

uma das técnicas mais poderosas empregadas no *ho'oponopono* tradicional. Quando seu espírito se limpa dos traumas do passado, você pode se recarregar com novas energias e moldar sua realidade com relativa liberdade. Se quiser ser saudável, terá de optar pela saúde. Se quiser bons relacionamentos ou segurança financeira, terá de optar por essas coisas. A palavra "optar" significa seguir um caminho claro. No *ho'oponopono* simplificado, essa opção é anunciada com as palavras "sou grato".

A chama de *aloha*

Segundo uma antiga história havaiana, nosso coração é como uma vasilha. Dentro dessa vasilha arde uma luz generosa e maravilhosa — a chama de *aloha*, o amor. Com esse amor e por meio dele, tudo nos é possível. Usando a chama de *aloha*, podemos voar com os pássaros e nadar com os tubarões. No entanto, toda vez que alguém sente raiva ou inveja, por exemplo, uma pedrinha é colocada na vasilha do seu coração. Essa pedrinha se interpõe no caminho da luz de *aloha*, que diminui — é impossível que duas coisas ocupem o mesmo espaço ao mesmo tempo. Por isso, se você tem uma, duas ou mais pedrinhas em sua vasilha, só lhe resta uma saída: pôr a vasilha de cabeça para baixo. De repente, todas as pedrinhas cairão e a luz interior do amor — *aloha* — voltará a brilhar clara e reluzente como antes.

Quando a vida está difícil, nosso coração está triste e as coisas parecem sombrias, talvez seja hora de emborcar a vasilha e libertar nosso coração das pesadas pedras do passado. O *ho'oponopono* pode nos ajudar nesse processo, ou sozinho ou — de modo mais claro e eficaz — em combinação com uma constelação familiar. É impossível que duas coisas estejam no mesmo lugar ao mesmo tempo, ocupando o mesmo espaço; como me disse Haleaka Iolani Pule, minha professora da Mission Aloha,* "Temos de fazer uma escolha: pela vida ou contra a vida, pelo amor ou contra o amor".

---

* Mission Aloha é uma organização que se propôs a tarefa de apresentar ao mundo o espírito de *aloha*.

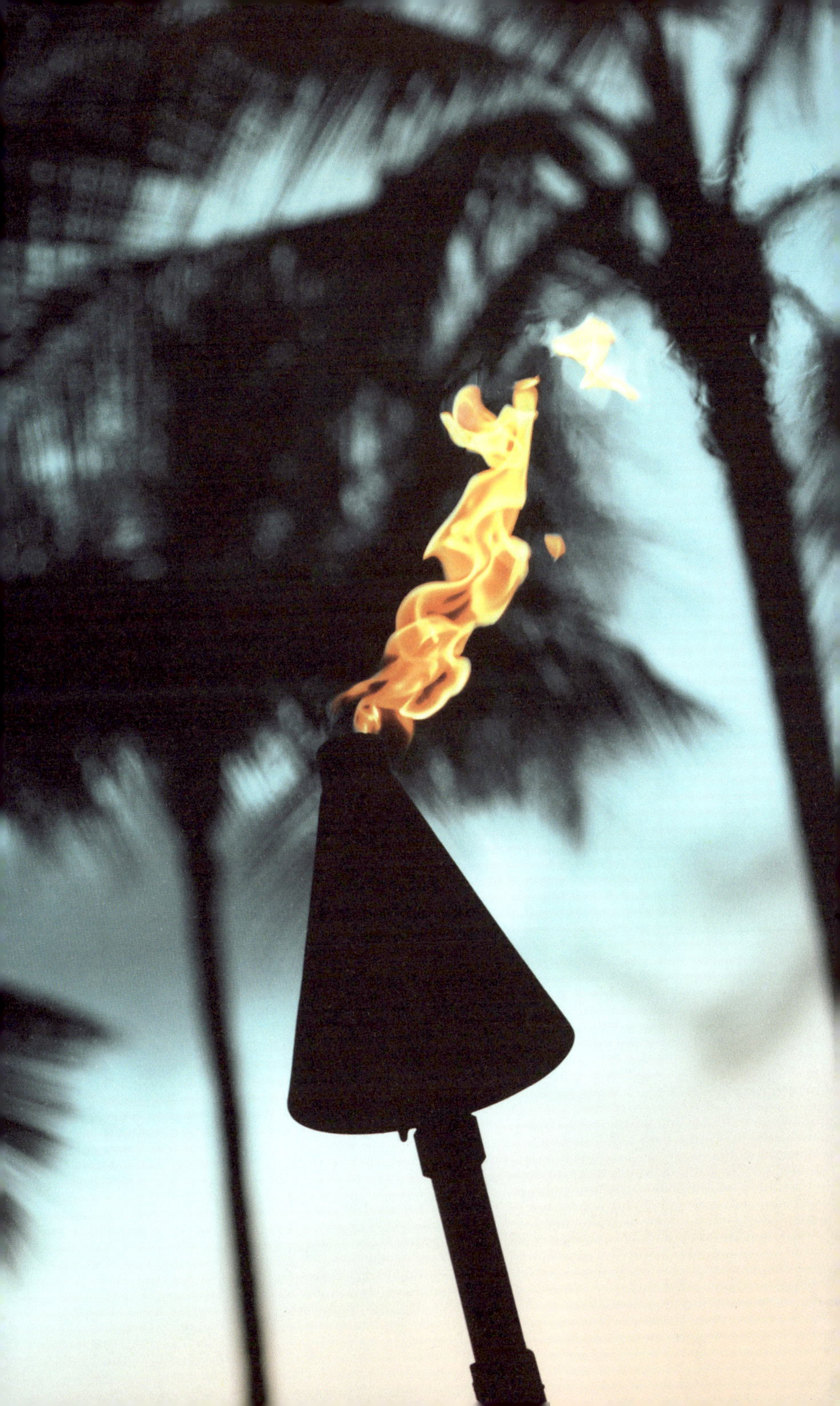

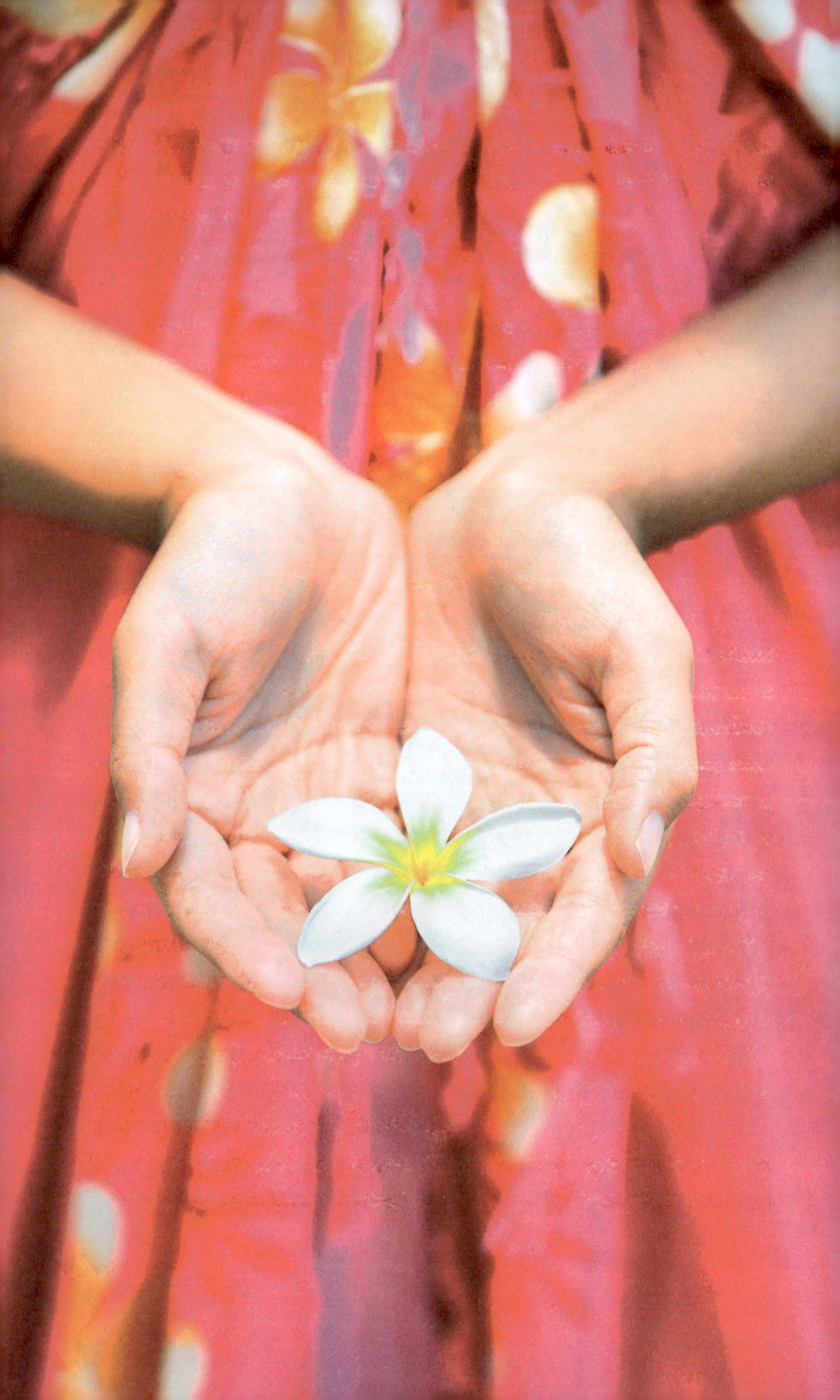

Unindo e Liberando — as Constelações Familiares e o *Ho'oponopono*

A paz começa comigo

A escritora havaiana Mary Kawena Pukui, de quem já falamos, diz que o *ho'oponopono* bem-sucedido tem dois ingredientes: a honestidade e a responsabilidade. O ritual havaiano do perdão investiga qual é a "parte" de uma pessoa num problema. Se há alguém em sua família que foi excluído, é viciado em drogas ou tem uma doença crônica, por exemplo, você pode se perguntar o que você mesmo fez ou deixou de fazer para que essa pessoa acabasse em tal situação. Pergunte-se: "O que eu fiz para que... (diga aqui o nome da pessoa em questão e o relacionamento dela com você) escolhesse esse caminho?" Mas lembre-se sempre de que você não é culpado, apenas estava envolvido. Ao ficar diante desse parente numa constelação familiar (quer num grupo de representantes, quer sozinho com âncoras de solo), você pode dizer, por exemplo: "Sinto muito por ter feito... (descreva sua 'parte'). Por favor, me perdoe. Perdoo a mim mesmo agora por meus atos destrutivos. Eu te amo. Sou grato a você por essa cura".

Num *ho'oponopono* tradicional, tanto a família da vítima quanto a família do perpetrador se juntavam e as pessoas se questionavam sobre como se deram os acontecimentos em questão, perguntando: "O que eu fiz e/ou deixei de fazer para que X se tornasse um perpetrador? O que eu fiz e/ou deixei de fazer para que Y se tornasse uma vítima?" Depois, os papéis eram trocados — ou seja, a família da vítima tomava o lugar da família do perpetrador e vice-versa. As perguntas que todos os envolvidos efetivamente faziam eram: "Se eu me comportasse como X (o perpetrador), quais seriam meus motivos para me comportar assim? Quais programas existem dentro de mim que me levaram a ser confrontado com essa questão?"

Como muitas vezes estamos cegos para nosso comportamento e nossas ações, o *ho'oponopono* pode nos trazer intuições importantes; a troca de papéis entre perpetrador e vítima nos processos de mediação ou tentativas de conciliação em negociações salariais são bons exemplos disso. Em nosso caso, constelações sistêmicas combinadas com o *ho'oponopono* podem ser extremamente eficazes para produzir o melhor resultado possível para todos os envolvidos e para criar sinergias a partir da compreensão assim alcançada.

Huna e os ensinamentos xamânicos do Havaí

O *ho'oponopono* faz parte da *huna*, a antiga tradição xamânica do Havaí. Assim como os britânicos reuniram todas as tradições filosóficas e religiosas de além do rio Indo sob o nome "hinduísmo", o linguista norte-americano Max Freedom Long (1890-1971) agrupou o extenso sistema de sabedoria e doutrina usado pelos antigos havaianos sob a denominação *huna*. *Huna* significa conhecimento e sabedoria. Se você quiser abrir uma empresa, por exemplo, o conhecimento teórico não é o bastante; também terá de lançar mão de sua experiência — sua sabedoria — para agir de forma decisiva e usar o *ho'oponopono* para construir bons relacionamentos com seus clientes. Se estiver criando filhos, poderá aprender algo sobre como funciona a mente das crianças nos livros escritos por especialistas, de modo a agir com sabedoria e prudência. A *huna*, portanto, pode ser aplicada em circunstâncias muito práticas do nosso dia a dia e do nosso tempo. Nesse sistema praticado pelos *kahunas* — os especialistas em *huna* — há sete preceitos que você poderá integrar nas constelações familiares, e cada um deles será objeto de um exercício. Esses sete conceitos de harmonia interior e exterior são chamados *ike* (percepção), *kala* (liberdade), *makia* (foco), *mana* (energia), *manawa* (o momento), *aloha* (amor) e *pono* (flexibilidade).

Ike — ponto de vista: o mundo é subjetivo

O fato de todos os seres humanos terem sua visão pessoal de si mesmos e do mundo é chamado de *ike* dentro dos ensinamentos da *huna*. A noção de *ike* inclui coisas como o ponto de vista da pessoa, seu estado físico e mental, seus antecedentes sociais e culturais, sua educação e suas intenções.

Toda observação é subjetiva. Uma das percepções decisivas da física quântica é a ideia de que a consciência (havaiano: *noo noo*) do observador exerce uma influência sobre uma nuvem quântica* de probabilidades e cria a realidade na medida

---

* Na física quântica, os menores elementos da matéria e da energia são chamados *quanta*. Se você tentar observá-los verá que não permanecem numa posição claramente definida, mas, ao contrário, parecem dissolver-se numa espécie de nuvem. Cria-se assim um número infinito de possibilidades relacionadas ao local onde algum desses elementos possa estar situado ou um evento possa ocorrer.

em que a observa. As opiniões que as pessoas formam sobre si mesmas e sobre o mundo se tornam realidades. *Ike* significa que você é o que pensa sobre si mesmo. É por acaso um pensador independente? Reserva algum tempo para examinar os assuntos ou deixa que outras pessoas formem sua opinião?

> *Preocupar-se com o mundo não tem sentido.*
> *O mundo não se afeta por suas preocupações.*
> Marco Aurélio (121-180 d.C.)

Exercício

Um exercício com âncoras de solo

Nas âncoras de solo, escreva a palavras (1) Eu, (2) Família, (3) Mundo e (4) Observador neutro. Disponha-as de uma maneira que faça sentido e procure reconhecer seus sentimentos em relação a cada um dos quatro termos (subsistemas), um por vez. Que imagem você tem de si mesmo? O que você acha de si e da sua família? Sua família é um local de segurança ou você encara as comemorações familiares como uma ameaça? Como você vê o mundo? Como é percebido pelo mundo e por sua família? Tem um lugar dentro da sua família ou se sente desvalorizado? Como o observador neutro vê a situação? Examine seus relacionamentos e as imagens que você formou de si mesmo e de seu ambiente, escreva tudo em seu caderno e acrescente a data. A repetição do exercício em intervalos (mais ou menos a cada três meses) o ajudará a acompanhar seu progresso. (Sobre âncoras de solo, ver p. 45.)

Toda pessoa tem uma opinião: a natureza que a pessoa atribui ao mundo com base em suas memórias (seus dados mentais) é o modo pelo qual ela o vê. Esse modo de ver é a realidade dela, e somente a soma de todas as realidades pode constituir a realidade real (egípcio antigo: *Re Al* = imbuído de consciência cósmica). Uma tentativa consciente de entender o comportamento das outras pessoas é o primeiro passo para a cura e a reconciliação. A compreensão de si mesmo e do mundo é o caminho e a meta de todos os filósofos, místicos e cientistas. Com efeito, até na esfera da diplomacia as pessoas procuram compreender umas às outras a fim de manter boas relações. Ter boas relações significa compreender uns ao outros, e isso só se realiza quando as pessoas falam umas com as outras.

Exercício

Um exercício sobre o tema da rejeição

Visualize uma pessoa a quem você rejeita em razão das opiniões dela. Imagine essa pessoa de pé diante de você a uma distância que o deixe à vontade. Incline-se mentalmente e diga: "Sinto muito por ter julgado você por causa de suas opiniões. Por favor, me perdoe. Perdoo a mim mesmo por isso agora. Respeito você e sou grato a você por esta percepção. Sou grato a você por curar todos os envolvidos".

Possíveis frases de cura num ho'oponopono *simplificado com constelação familiar:* **Sinto muito por nunca ter tentado antes compreen-**

der o seu ponto de vista. Estou aqui e você está aí. Por favor, me perdoe. Perdoo a mim mesmo. Sou grato por esta percepção e sou grato por curar todos os envolvidos.

Makia — foco: a energia segue a atenção

Makia designa o fenômeno psicológico pelo qual as coisas em nosso mundo se tornam mais importantes assim que direcionamos nossa atenção para elas. Num momento ou em outro, você já teve a sensação de que o comportamento de outra pessoa deixou a desejar. Digamos que alguém com quem você mora (seu companheiro ou colega de quarto, por exemplo) não põe o lixo para fora. Com o tempo, isso o incomoda cada vez mais; você já não consegue pensar em outra coisa e começa a desperdiçar sua energia com esse assunto — e, em vez de conversar a respeito, reage quer atacando, quer batendo em retirada. No entanto, você pode usar esse mesmo princípio mental para direcionar sua vida para o lado que você quiser. Se quiser melhorar seus relacionamentos com as outras pessoas, concentre-se naquilo que você é capaz de admirar e elogiar. Em vez de sempre reagir segundo o princípio de "lutar ou fugir", dê uma resposta consciente. Por sinal, psicólogos já provaram que as pessoas se comportam de acordo com as nossas expectativas. Um professor americano certa vez me contou sobre um experimento em que os professores eram alertados a respeito de determinados alunos. Embora esses alunos tivessem tido boas notas no ano anterior, passaram a tirar notas piores nos exames desses professores. Veja como suas opiniões sobre as pessoas na vida cotidiana vão mudando e como você é quase sempre predefinido pelas afirmações que fazem a seu respeito e pelos preconceitos e expectativas que os outros têm em relação a você.

Possíveis frases de cura num ho'oponopono *simplificado com constelação familiar:* Sinto muito. Perdoo a mim mesmo por meu preconceito. Perdoo você por seu preconceito. Amo você. Sou grato. Sinto muito por ter pressionado os outros com as minhas expectativas. Amo você. Sou grato. Sinto muito por ter tentado manipular você. Por favor, me perdoe. Perdoo todas as pessoas que tentaram me manipular. Amo você. Sou grato.

> A vida fica mais agradável quando olhamos para o que temos em vez de reclamar do que não temos.
> Marco Aurélio (121-180 d.C.)

Kala — liberdade: não existem fronteiras, apenas oportunidades

Liberdade pelo perdão
Liberdade de pensamento
Liberdade por meio das ações

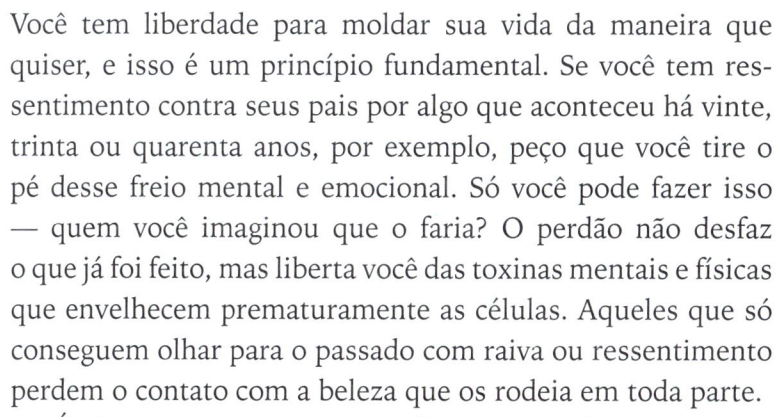

Você tem liberdade para moldar sua vida da maneira que quiser, e isso é um princípio fundamental. Se você tem ressentimento contra seus pais por algo que aconteceu há vinte, trinta ou quarenta anos, por exemplo, peço que você tire o pé desse freio mental e emocional. Só você pode fazer isso — quem você imaginou que o faria? O perdão não desfaz o que já foi feito, mas liberta você das toxinas mentais e físicas que envelhecem prematuramente as células. Aqueles que só conseguem olhar para o passado com raiva ou ressentimento perdem o contato com a beleza que os rodeia em toda parte.

É claro que nem todos os dias são ensolarados, mas a maturidade das pessoas é medida pela quantidade de tempo que elas passam com raiva. As pessoas que não conseguem se desapegar do passado estão patinando sem sair do lugar. Estão presas no passado e têm medo do futuro — e, por não conseguirem deixar de lado o ressentimento, fazem mal a si mesmas e aos outros. As pessoas bem-sucedidas, por outro lado, perdoam rapidamente, concentram-se na solução e estão mais interessadas no futuro.

O conjunto das circunstâncias da nossa vida é o resultado dos nossos pensamentos. Pensamos, tomamos decisões e agimos. Tudo o que fazemos ou deixamos de fazer dá frutos na nossa vida. Nós temos liberdade para praticar esportes ou não praticar. Temos liberdade para ficar de braços cruzados enquanto as abelhas morrem, ou para fazer algo. Se não cuidarmos da saúde, ficamos doentes, e se não dermos atenção ao relacionamento com nosso companheiro ou companheira, ele/ela sofrerá. Muitas vezes queremos mudar algo em nossa rede de relacionamentos, mas não temos coragem, poder de decisão, perseverança e força de vontade para fazê-lo (havaiano: *mana mana*). É nesses momentos que nos falta energia, nos falta *mana*.

Possíveis frases de cura num ho'oponopono *simplificado com constelação familiar:* Sinto muito por ter atrasado sua vida durante tanto tempo. Por favor, me perdoe. Perdoo a mim mesmo por ter me bloqueado durante tanto tempo. Estou me desapegando e sou grato a você pela melhor solução para nós dois. Sou grato por esta cura.

Mana — energia: um por todos e todos por um

Como todas as palavras havaianas, *mana* também tem várias definições. Dependendo do contexto, pode significar "ener-

Carga emocional

Pessoa com carga emocional → X anos

E

Raiva, fúria, ira, ressentimento etc.

Personalidade madura (*kanaka makua*)

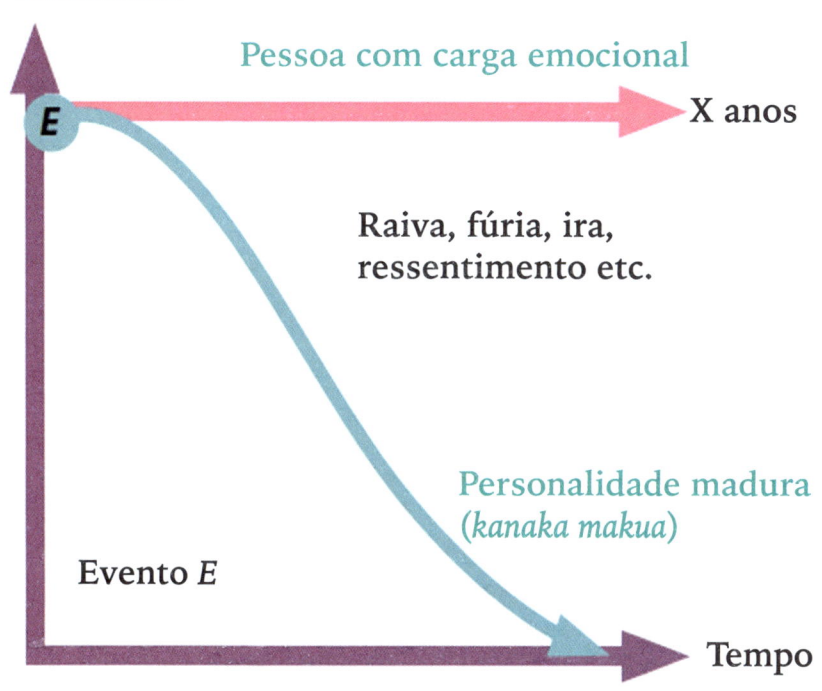

Evento E

→ Tempo

fig. 9

gia", "capacidade", "força pessoal" ou "personalidade forte". A ideia por trás de *mana* é que tomamos consciência do poder espiritual dentro de nós e que isso se manifesta na forma de força, capacidade e autoridade. Essa fonte (havaiano: *kumu*) de poder se revela em nossos talentos e em nossa sabedoria. *Mana* significa energia e, quando tomamos plena posse de nossos dons, mantemos bons relacionamentos, defendemos o que é nosso e aceitamos nossa família tal como é, passamos a ter energia. *Mana* pode ser gerada, transmitida, legada e recuperada.

> *Se você voltar o rosto para o sol,*
> *as sombras ficarão para trás.*
>
> Provérbio africano

Exercício

Um exercício para reconhecermos nossos pais e assim desenvolvermos nossa força

Em seu caderno, faça uma lista de suas capacidades, talentos e dons. Escreva tudo aquilo em que você é bom e tudo o que gosta de fazer. Pense sobre você — pegue o caderno logo de manhã, na hora do café, e vá aumentando a lista das suas boas qualidades, notando até mesmo coisas banais como "sei preparar uma excelente xícara de chá". Isso o ajudará muito a desenvolver uma energia positiva.

Agora escreva uma lista de todas as capacidades, talentos e dons dos seus pais. Talvez isso seja difícil. Se você se lembrar de um comportamento altamente destrutivo da parte de um deles, apenas ignore-o e procure alguma luz na escuridão. Os bons relacionamentos e a felicidade não ocorrem por acaso, mas resultam de um esforço consciente. As pessoas que dedicam esforço ao *ho'oponopono* são como garimpeiros; o ouro se encontra em meio à lama, no chão e debaixo da terra, mas você cava para encontrar ouro — não para encontrar terra.

Manawa — a hora é agora: toda força à frente

Se você perguntar às pessoas quando é a hora certa de agir — de fazer um telefonema importante, por exemplo, de pedir perdão a alguém, de abandonar um mau hábito ou de fazer uma mudança decisiva na vida — quase todas responderão (com um sorriso): "Agora — agora é a melhor hora". Porém, se você perguntar às mesmas pessoas no dia seguinte se elas já começaram, quase todas dirão que não. Eu também tive de aprender, por meio de amargas experiências, que hoje não é o melhor dia para fazer algo importante — o melhor dia foi ontem. Ótimo, ontem foi o melhor dia, mas hoje ainda é uma opção, pois hoje é o ontem de amanhã. O único momento de força é "agora" — e este é o significado de *manawa*. Só é possível agir no agora, e o momento do agora dura para sempre, pois não há nenhum outro ponto do tempo que possa ser ativamente vivido: o passado já foi e o futuro sempre estará um passo adiante de nós — o tempo flui em sua direção como um rio. No próximo exercício, vamos nadar um pouco nesse rio, removendo as pedras perigosas do fluxo do tempo (havaiano: *ala nou ana*) e, assim, mudando o presente e o futuro para melhor.

Exercício

Um exercício sobre o fluxo do tempo

Em folhas de papel independentes, escreva as palavras (1) Passado, (2) Presente e (3) Futuro. Disponha as folhas como âncoras de solo numa formação que faça sentido emocional para você. Mais uma vez, anote no caderno tudo o que lhe ocorrer durante este exercício, pois esses detalhes serão extremamente importantes para o seu caminho futuro. (Sobre âncoras de solo, ver p. 45.)

Fique de pé sobre o papel no qual está escrito "Presente", o agora, e deixe que seus sentimentos entrem no momento. O que está contido nesse ponto do tempo? Use a lista do apêndice para descrever como você está se sentindo. Agora olhe de volta para o passado. O que está sentindo? O que sente quando reexamina seu passado? Depois, olhe para seu futuro e se pergunte qual reação isso evoca em você. Por fim, depois de fazer tudo isso, fique em pé primeiro sobre o papel "Passado" e depois sobre o papel "Futuro" e olhe a partir deles para as diversas direções. Não tenha pressa e tome consciência de todos os sentimentos que surgem em você. Como lhe parece o futuro quando toma consciência de que de lá só pode olhar para trás? Que sentimentos isso desperta? Como se sente quando percebe que do passado só pode olhar para a frente? O que o passado está tentando dizer ao futuro? O que o futuro gostaria de dizer ao passado e ao presente? O que a criança está dizendo ao adulto e o que você, na qualidade de pessoa mais velha fisicamente, está dizendo ao seu eu mais jovem neste exato momento? O que você consegue ver?

Vá e fique em pé mais uma vez sobre o "Presente" e perceba que de lá você pode olhar em ambas as direções. O que você gostaria de dizer agora ao seu passado e ao futuro? Use, como fases de cura, as quatro frases do *ho'oponopono* simplificado: "Sinto muito. Por favor, me perdoe. Eu te amo. Sou grato". Se lhe parecer correto, acrescente: "Abençoo você de todo o meu coração".

A vida nos dá as coisas nas quais nos concentramos e nós temos os relacionamentos que nos permitimos ter. Estes são os princípios espirituais de *ike, makia, kala* e *mana*. Se fizermos e pensarmos somente aquilo que sempre fizemos e pensamos, continuaremos a receber o que sempre recebemos no passado; para mudar isso, temos de pensar e agir de maneira diferente. Iremos semear novas causas. Tenho uma pergunta poderosa para lhe fazer, e adoraria que você a respondesse — mesmo que leve alguns dias: se você se sentir culpado por algo ou se arrepender de alguma coisa, e repetir esse mesmo exercício daqui a um ano, o que você faria para ter certeza de que deu o melhor de si para não se sentir culpado, ou se arrepender ou sentir pena de si mesmo? Pouco a pouco, traga para sua vida uma resolução de cura em que o presente se liberte das experiências dolorosas do passado. Uma vez que o passado tenha pedido perdão e o presente o tenha concedido, peça você mesmo perdão ao passado — por exemplo: "Sinto muito por ter me apegado por tanto tempo a você. Sinto muito por só ter visto os seus aspectos negativos. Sinto muito por não ter sido capaz de ver os dons que você trouxe. Por favor, me perdoe. Eu te amo. Muito obrigado".

No presente, peça a bênção do futuro (*kūkulu kumuhana*). Além disso, pergunte ao futuro o que você pode fazer no presente para encontrar uma solução. Para tanto, volte à posição do

"Futuro". A resolução de cura será, em última análise, uma visão livre e fortalecida do "Presente" em todas as direções.

Aloha — amor: ser feliz com as coisas como são

Na *huna* há uma regra que é o fundamento de todas as outras. Ela diz o seguinte: "Nunca faça o mal, sempre ajude". Essa é a filosofia do *aloha* que reconhece a divindade em todos os seres vivos, quer sejam humanos, animais ou vegetais. É o fundamento de toda a prática de yoga e a essência de todas as religiões. Tudo provém da Origem, e negar a presença divina em um ser vivo é o mesmo que rejeitar a própria divindade. É isso que Jesus queria dizer quando afirmou que se deve odiar o pecado, mas amar o pecador. Hoje em dia, entretanto, tendemos a fazer o contrário — odiamos as pessoas porque nos insultam, atrapalham o nosso caminho ou não nos tratam bem. Mas deixe-me fazer apenas uma pergunta: não será possível que estejamos nos comportando tão mal quanto isso, ou de maneira ainda pior, quando exploramos a Terra, expulsamos seus habitantes aborígenes, tratamos as tradições deles como inferiores às nossas e justificamos a morte de animais para mantermos nosso padrão de vida?

A Origem, a chuva, o sol e o amor não têm intenções egoístas. A Origem não julga, mas partilha o seu amor (*mana aloha*) com todos. Reconhecer as origens espirituais de todos os seres viventes — e, portanto, a igualdade e a unidade desses seres — é o caminho que leva ao conhecimento, à sabedoria e a um tipo especial de humildade. Humildade não é o mesmo que subserviência; é não se colocar acima dos outros com arrogância. Ela impede as pessoas de sentir inveja ou cobiça e de julgar seus semelhantes.

Alo significa "estar juntos", "partilhar algo com alguém" e "essência espiritual". *O* é "o todo", e esse é o *O* da grande *ohana*. *Oha* significa "alegria e afeto" e *ha* é "respiração". *Aloha* significa (1) partilhar a mesma essência espiritual com todas criaturas viventes, (2) reconhecer sua própria origem na essência divina espiritual e (3) sentir e agir em ligação com todos os outros seres vivos, com a criação divina e com sua própria origem divina (havaiano: *ke akua oi'a'io*). Esse amor se reflete em seu nível de contentamento com a vida no aqui e agora — ou seja, em ser feliz com as coisas como elas são — e em fazer o que deve ser feito.

Pono — flexibilidade: a eficácia é o critério da credibilidade

Não há uma cura que sirva para todos os casos, e os métodos disponíveis são tão diferentes quanto nós mesmos somos — a alopatia, a medicina chinesa tradicional, o ayurveda e a homeopatia são apenas alguns exemplos. Há mais de cem tipos diferentes de terapia que se especializam em assuntos espirituais, de modo que sempre haverá algo adequado para cada pessoa. Tudo o que nos ajuda num determinado momento está correto. Temos de ser flexíveis e (1) ouvir os conselhos de diversos especialistas responsáveis para enfim (2) tomar uma decisão confiante. Os que não são capazes de tomar uma decisão não devem se surpreender se outras pessoas decidirem no lugar deles.

Pode-se afirmar que o objetivo de um relacionamento é que cada pessoa tenha suas necessidades satisfeitas e que todos os envolvidos satisfaçam as necessidades uns dos outros ao mesmo tempo que promovem o bem do todo. Isso é o que se chama "viver num relacionamento de compromisso recíproco". No relacionamento de compromisso recíproco, todos os envolvidos no sistema saem ganhando, ao passo que, num relacionamento de codependência, todos os participantes saem perdendo.* Na codependência, cada parceiro assinou um contrato invisível pelo qual se obriga a tolerar os maus hábitos do outro; nesse caso, cada um deles tem a impressão de que só se beneficiará caso não mude, e não mudar significa não crescer.

Pono, a flexibilidade, parece se aplicar de modo particular a pessoas de caráter forte, pois as personalidades mais fracas são movidas por seus hábitos destrutivos — por exemplo, a tendência a reclamar, a sucumbir à raiva, a sentir-se ofendido, a fazer chantagem emocional, a castigar emocionalmente as outras pessoas ou a jamais ceder. Pelo contrário, as pessoas de caráter forte buscam o bem-estar dos outros e procuram encontrar os pontos em comum. *Pono* também significa não oferecer resistência às opiniões (*ike*) dos outros, aceitá-las e reconhecê-las. Se você já tentou fazer com que seu companheiro(a) mudasse, sabe quanto esse esforço é inútil, e é por isso que as pessoas sábias decidem tornar-se modelos silenciosos, caminhando humildemente rumo ao ideal do que gostariam de ser — você está tentando conquistar o terreno que se interpõe entre o que você é e o que pode ser.

---

* Ver a questão dos relacionamentos em que todos ganham e daqueles em que todos perdem na p. 72.

Estudo de caso

Lizzie, 42 anos e sem filhos, é casada com um alcoólatra. Está começando a se perguntar por quanto tempo será capaz de manter a esperança e aferrar-se à ilusão de que o marido um dia parará de beber. Era espancada na infância pelo pai alcoólatra e, por isso, não consegue compreender por que ainda permanece casada. Que benefício deriva dessa situação? Ela me pediu conselhos.

Começamos com uma sessão de ho'oponopono. Sentamo-nos num círculo com Lizzie e cerca de vinte outras pessoas e procuramos as "partes" do grupo com nossos corações para encontrar clareza. Depois de nos sintonizarmos enquanto grupo com o espírito da reunião (pule), investigamos o problema (mahiki) pedindo que todos os envolvidos procurem determinar qual é a sua "parte" (hihia). Em seguida, imediatamente resolvemos essas partes por meio do perdão recíproco (mihi) e liberamos o potencial negativo (kala) em sua totalidade.

No círculo, são feitas as seguintes perguntas:

(1) "Se eu estivesse me comportando como Lizzie, por que eu estaria fazendo isso?" Note-se: o objetivo não é analisar Lizzie e procurar a motivação dela, como as pessoas costumam fazer para justificar as próprias deficiências. Não, o objetivo é que cada um investigue as sombras da própria vida: "Existem áreas na minha vida em que me comporto de maneira semelhante? A que continuo apegado, embora isso me faça mal? Quais são os pontos em que transijo e que me causam danos? De que tenho medo? Quais dúvidas me impedem de seguir meu caminho?"

(2) "O que fez com que este tópico surgisse agora para mim?" Em outras palavras: "Por que o tema do alcoolismo e da incapacidade de se libertar me foram propostos como participante do grupo? Por acaso o tema de Lizzie tem algo a me dizer diretamente?"

Exercício

Um breve exercício

Dê pelo menos três respostas a cada uma das duas perguntas anteriores. Anote-as em seu caderno e depois, olhando-as, diga para si mesmo: "Sinto muito. Por favor, me perdoe. Perdoo-me agora. Eu me amo e eu te amo. Sou grato por esta cura".

Ohana — a família exterior

Como todas as outras palavras havaianas, *ohana* tem vários significados relacionados à Natureza, e cada um deles reflete a unidade do todo e a unicidade da Natureza. *Ohana* significa, por exemplo, "várias plantas com uma mesma raiz". *Ohana* é uma tribo ou clã cujos membros têm raízes em seus ancestrais comuns, seus antepassados. Embora o termo costumasse ser aplicado exclusivamente à família, hoje em dia uma organização ou empresa também é chamada de *ohana*. São tribos que se distinguem das outras pelas metas comuns, pela linguagem (o jargão profissional, a gíria jovem, os dialetos, por exemplo), pela vestimenta (um uniforme, por exemplo, um terno ou roupas esportivas especiais) e pelo comportamento.

O é o símbolo do todo, da Terra, das interligações entre as coisas e da Origem. *Hana* significa "feito", "trabalho", "tarefa". *Ha* é a expiração. *Na* é um sufixo usado para criar substantivos. Os membros de uma *ohana* são, portanto, pessoas que (1) sentam-se em círculo e (2) respiram juntas, (3) partilham uma tarefa comum para o bem do todo e (4) estão ligadas à Origem. *Ohana* é, em regra, um sistema em que cada um dos membros está envolvido numa vida comum, como na educação, por exemplo, ou na atividade de ganhar a vida.

Como uma floresta sobrevive ao tempo

As árvores de Redwood Forest, um parque nacional na Califórnia, crescem e ficam extremamente altas. Fortes e majestosas, existem há décadas ou há séculos e já foram atingidas por inúmeras tempestades e furacões. Com efeito, sobreviveram a poderosas nevascas e terremotos devastadores — muito embora suas raízes tenham poucos metros de profundidade. Qual é o segredo delas? De onde vem seu poder especial de sobreviver ilesas até a terremotos? Segundo os guardas do parque, o motivo de sua sobrevivência comum é sua interligação — a rede quase infinita de suas raízes. Debaixo da terra e longe do olhar dos que passeiam pela floresta, cada árvore está interligada a suas irmãs. Quer se trate de uma árvore gigante ou de um broto, são as que estão ao redor que a mantêm no lugar. As árvores mais velhas, como que num gesto de amor, oferecem às mais novas o abraço de suas raízes, e as arvorezinhas recém-nascidas as acolhem com gratidão e se entrelaçam nelas. Cada árvore, grande ou pequena, está ligada a toda a floresta e nela lança suas raízes.

Aumakua — os antepassados

Na *ohana,* ninguém está sozinho — estamos ligados horizontalmente a todos os membros vivos e verticalmente a uma cadeia de antepassados que se estende até o passado remoto.

Cada membro da *ohana* se sente ligado à Origem por meio de seus antepassados — e o termo que os designa é *aumakua*, que significa ao mesmo tempo "deus tribal" e "antepassado". O mesmo vale para uma constelação familiar: na constelação, o cliente não é um ser isolado — sentando-se à frente do grupo e ao lado do terapeuta, é como se ele se sentasse, em sua imaginação, com os pais e os antepassados.

Exercício

Um exercício sobre as origens da linhagem dos antepassados

Sente-se, relaxe e respire devagar. Pergunte-se onde começa a sua linhagem de antepassados. Onde você começou? Medite sobre isso e recue, no pensamento, até o passado remoto. Tenha claro em sua mente que sua linhagem de antepassados remonta à própria Origem. Esse tipo de conexão no espaço e no tempo dá força e estabilidade. Se você tiver problemas com seus pais, recue cada vez mais no passado. Sinta o poder que lhe vem de seus pais cósmicos assim que você se abre para eles. Medite sobre essa conexão com seus antepassados, que lhe traz bênçãos.

Curando o relacionamento com os pais por meio do perdão

Terapeutas pelo mundo afora poderiam resumir em duas palavras o motivo do sofrimento de 95% de seus clientes: "os pais". É certo que algumas coisas deram errado nas gerações que nos precederam, mas isso só será importante se permitirmos que seja (*ike, makia, kala, pono*). Se alguém leva dentro de si uma grande mágoa, é provável que essa mágoa seja transmitida para seus descendentes — e isso precisa ser perdoado. Se uma constelação familiar clássica revela esse tipo de problema, os filhos podem efetivamente oferecer aos pais, e os pais aos filhos, um perdão espontâneo e sincero numa sessão de *ho'oponopono*; nessas circunstâncias, ninguém assume posição de superioridade em relação ao outro e ninguém sai humilhado. Não há manipulação, pois todas as motivações egoístas são alheias ao ritual havaiano do perdão. Você perdoa porque quer encontrar a paz e recomeçar do zero, sem levar nenhum fardo nas costas. A dor às vezes é profunda, mas você ainda pode dar um pequeno passo e dizer: "Me abro à possibilidade de perdoar você".

A Universidade de Stanford é famosa pelas pesquisas no campo da psicologia do comportamento, e o experimento a seguir nos dá muito em que pensar:

Os cinco macacos

Na primeira parte do experimento, cinco macacos são introduzidos numa área de experimentação com cerca de 20 m² onde há uma escada que dá acesso a uma deliciosa penca de bananas. Assim que um dos macacos sobe a escada para pegar a fruta, entretanto, os pesquisadores molham com uma mangueira de jardim os quatro macacos que ficaram embaixo. O mesmo procedimento é repetido várias vezes com os mesmos macacos — cada vez que um deles procura pegar bananas para si mesmo, os outros ficam ensopados. A certa altura, os macacos estarão cansados de tanta água e, assim que um membro da *ohana* tentar subir a escada, será arrastado para baixo pelos outros e espancado.

Na segunda parte do experimento, um dos cinco macacos é substituído. O novo macaco vê e sente o cheiro das bananas imediatamente; mas, assim que o pobre coitado sobe a escada, é arrastado para baixo e espancado pelos outros, que têm medo de ficarem molhados. Os quatro ficam muito contentes por permanecer secos, mas o quinto, horrorizado, pensa: "Qual é o problema desses macacos malucos?" Em seguida, um segundo macaco é substituído e o recém-chegado mais uma vez tenta subir a escada. Ele é rapidamente arrastado para baixo pelos demais — e, dessa vez, o primeiro substituto participa, feliz, do espancamento. O segundo macaco provavelmente pergunta aos demais o que está acontecendo nessa *ohana*, e os outros lhe dizem: "Com a banana, ficamos ensopados". Gradativamente, todos os macacos vão sendo substituídos, de tal modo que, depois de certo tempo, já não há na jaula nenhum macaco que tenha sido de fato ensopado, mesmo assim cada macaco recém-chegado é espancado ao tentar pegar as bananas. Nenhum dos macacos sabe por que é perigoso ou proibido pegar as bananas — mas esse é o registro que ficou dos "antepassados". Por acaso nós, humanos, não nos comportamos da mesma maneira quando assumimos preceitos como "o dinheiro estraga o caráter" na infância e continuamos seguindo-os na idade adulta, embora nunca tenhamos verificado a veracidade deles?

Os registros ancestrais como um *download*

Herdamos os registros ancestrais da mesma maneira que fazemos o *download* de um programa (no sentido mais rigoroso da palavra) para uma mídia qualquer.* O Dr. Bruce Lipton, biólogo especializado em desenvolvimento e pesquisador de

---

* Ver "*Unihipili* — o eu inferior, o subconsciente e a criança interior", p. 118.

células-tronco, de quem já falamos, supõe que já assumimos esses registros como experiências pré-natais durante o estágio embrionário e os absorvemos durante os anos de infância como se fôssemos pequenas esponjas. A razão disso é que, na infância, as ondas cerebrais se situam predominantemente na faixa teta, que é mais lenta e nos permite não somente aprender diversas línguas de uma vez como também compreender rapidamente como devemos nos comportar dentro do nosso clã e o que pensar sobre as outras pessoas. Se você tivesse sido criado numa família masai, teria absorvido, junto com o leite materno, um registro ancestral muito diferente do que normalmente se encontra em outras famílias.

Examine sua própria vida: o que você ouvia e/ou percebia na infância? Como as pessoas falavam sobre os seus vizinhos, sobre o dinheiro e sobre si mesmas quando estavam perto de você? Que efeito todos esses lugares-comuns tiveram sobre a sua vida? Você tem problemas físicos semelhantes aos do seu pai ou da sua mãe? Quais hábitos você tem? Se parece mais com seus pais do que gostaria — e por que não gostaria?

Uma das coisas que nos ajuda a ser livres é fazermos as pazes com os acontecimentos e legados do passado. Pense no modo pelo qual programações, registros, padrões e convicções ancestrais prejudiciais são passados de geração em geração como baldes de água numa "brigada de balde" — e o que você faz a esse respeito é algo que depende exclusivamente de você. No ritual de uma constelação familiar clássica, você poderia talvez devolver o balde que lhe passam (para conservar a mesma imagem), dizendo: "Honro o destino de vocês, mas isto não me pertence. Por favor, voltem para mim um olhar bondoso mesmo que eu devolva a vocês o que não me pertence". Já em um *ho'oponopono* associado a uma constelação familiar, abrimos uma porta quando aceitamos esse balde d'água. Aceitamos e honramos o que recebemos dos antepassados e pensamos em como usá-lo em nosso favor aqui e agora. No *ho'oponopono*, procuramos a bênção oculta. Em vez de devolvermos o balde, podemos despejar a água sobre as plantas e depois usar o balde como vaso. Muita gente depois passa a usar aquilo que sofreu na infância para ajudar pessoas que passaram por situações semelhantes. É você e sua imaginação quem decide o que fazer com os dons que a vida lhe concede.

Estudo de caso

O pai de Angie tinha acessos de fúria e ela herdou dele esse comportamento. Devolvera a raiva a seu pai numa constelação familiar, mas nada melhorara.

Em um ho'oponopono, *Angie percebeu que na raiva de seu pai havia um dom e um poder tremendos. A fúria é a ausência do amor. Essa forma explosiva de raiva é, por assim dizer, o lado escuro de algo; a fúria está do lado da sombra, do lado voltado para a direção oposta à do amor. Suas características permitem que nos distanciemos de uma situação, declaremos nossa opinião, nos defendamos e nos afirmemos — características positivas que qualquer pessoa gostaria de ter. Angie, porém, não herdara nenhum desses traços positivos (mana).* Ao contrário, ela simplesmente passava a falar alto como o pai, fazendo mal a si mesma e aos outros.*

Numa constelação ancestral com ho'oponopono, *Angie aceitou o dom oculto que o pai lhe dera — a força interior e uma capacidade saudável de autoafirmar-se — e a partir de agora vai se concentrar nesse lado luminoso. As frases de cura que ela diz em voz alta depois*

---

* Fala-se mais sobre isto em "Os pais, os anciãos, os sábios e os mestres", p. 116.

de se inclinar perante o representante do pai são: "Meu pai querido, sinto muito por ter rejeitado você. Foi a sua raiva que me machucou. Percebo agora que você e sua raiva são duas coisas diferentes. Por favor, me perdoe. Aceito você agora e assumo sua força, sua autoafirmação, sua capacidade de se distanciar e de se defender. Estou saindo da sombra e indo para a luz. Amo você e agradeço a você de todo o coração por esse legado. Sou grata pela cura de todos os envolvidos aqui e agora".

A partir de agora, Angie não dará mais nenhuma atenção consciente à sombra da "fúria". Agora é dona de sua força e é capaz de seguir o próprio caminho com autoconfiança. Irradia autoridade sem precisar ser autoritária.

Aceitar os pais e ser aceito por eles

Você gostaria que seus pais o aceitassem do jeito que você é? É claro que sim! Que tal, então, adotar uma solução em que todos saem ganhando e na qual você também aceita seus pais como eles são? É provável que isto represente um desafio para muitos, mas é como já sabemos: a energia segue o foco (*makia*). Só podemos receber aquilo que estamos dispostos a dar.

Possíveis frases de cura num ho'oponopono *simplificado com constelação familiar:* Sinto muito por não ter aceitado vocês como vocês eram. Sinto muito por ter, apesar disso, querido que vocês me aceitassem do jeito que sou. Sinto muito por ter tido tanta raiva de vocês. Sinto muito por ter tido tanta raiva de mim. Sinto muito por ter me rejeitado. Por favor, me perdoem. Perdoo a mim mesmo agora. Aceito vocês exatamente como são. Amo vocês e amo a mim mesmo. Aceito a mim mesmo do jeito que sou — com minhas fraquezas e minhas forças. Sou grato por ter percebido isto. Sou grato pela cura de todos os envolvidos.

Uma reunião familiar sobre o nascimento

A constelação familiar chega aos pontos mais essenciais, que são o pai, a mãe e sua relação com eles. O nascimento e a morte também são elementos essenciais — são portas de entrada a domínios que não conseguimos tornar a visitar quando queremos. Há a esfera dos vivos e a esfera dos que já se foram. Estamos aqui e eles estão ali. Ao mesmo tempo, novas almas continuam decidindo visitar este mundo e, como resultado, o nascimento era um momento especial para os havaianos de antigamente: alguém decidira fazer parte da *ohana* e sua chegada era esperada com alegria e atenção. Diz-se que as mulheres havaianas não sofriam dores do parto; por que a Mãe Natureza causaria dor nas mulheres no ato de trazer uma criança ao mundo? Para os havaianos, essa noção era absurda. Mary Kawena Pukui descreve um caso em que uma mulher sentiu uma dor tremenda quando as contrações começaram; a única razão possível é que havia ainda assuntos não resolvidos (*hala*) entre os membros da família — algo não fora purificado. Era por isso que essa alma (havaiano: *kane* = espírito do espírito de deus) não estava querendo entrar na família. Um *ho'oponopono* foi convocado de imediato e uma *ho'omala*, uma cerimônia de purificação, foi realizada. Como nem todos os membros da família podiam estar presentes, pedras foram colocadas em seus lugares para representá-los. Uma vez que todas as reservas entre os membros da família e os representantes haviam sido removidas, o parto se deu sem problema algum. Também nesse caso a combinação entre um *ho'oponopono* e uma constelação familiar conduziu à cura.

Exercício

Um exercício para resolver temas que afetam também outras pessoas (hihia)

Disponha quatro âncoras de solo: (1) uma para você, (2) uma para um familiar que você ainda não perdoou por algum motivo e com quem permanece em conflito, (3) uma para a *hihia* — ou seja, uma pessoa que acabou se enredando nos acontecimentos (no estudo de caso da p. 114, essa pessoa era uma criança que ainda não nascera) e (4) uma para um observador neutro. Fique em pé sobre cada uma das âncoras de solo, uma por vez, e examine suas emoções. O que você está sentindo? O que seu parceiro no conflito está sentindo? Como se sente a pessoa que se enredou sem querer na situação? Como se sente o observador neutro? Em pé em sua própria posição, realize um ritual de cura (*mihi*) em todas as direções, dizendo: "Sinto muito por... (diga aqui por que você sente muito). Por favor, me perdoe. Eu te amo. Sou grato a você". Passe agora para a posição da pessoa com quem você está em conflito. De que forma a posição dela mudou? Realize agora o ritual de perdão em nome dessa pessoa, na direção oposta. Rearranje as âncoras de solo de modo que a situação se aproxime de uma solução em que todos saiam ganhando e se sintam bem. Sempre examine seus próprios sentimentos ao ficar em cada posição. Repita esse ritual de perdão recíproco até ser capaz de identificar uma resolução de cura em que você se sinta liberto de todas as memórias negativas. (Sobre âncoras de solo, ver p. 45.)

Os pais, os anciãos, os sábios e os mestres

Qualquer pessoa obrigada a caminhar pela neve espessa, no Alasca, na Sibéria ou em outros lugares desse tipo, deve seguir os passos daqueles que caminharam à sua frente; caso esteja sozinha e siga seu próprio caminho, logo se verá presa no meio da neve. Do mesmo modo, as pessoas inteligentes seguem os passos de seus mestres e percorrem as trilhas que eles abriram. Às pessoas que buscam o sucesso, aconselha-se que façam o mesmo — ou seja, que façam o que outras pessoas de sucesso fizeram antes delas. Se quiser ser um *chef* extraordinário, você deve aprender seu ofício com os melhores cozinheiros, e se quiser ser um bom cantor deve tomar lições com vocalistas de sucesso. No Ocidente, entretanto, temos o péssimo hábito de aprender com os outros, mas depois, em algum momento, criticarmos os nossos professores. Embora tenhamos aprendido com eles, não lhes devolvemos gratidão, mas sim a ridicularização por suas muitas fraquezas. Na tradição oriental, é considerado deselegante, quando não profunda estupidez, insultar os pais, os anciãos, os antepassados ou o professor, pois ao fazer assim nos privamos de todos os resultados positivos das coisas boas que eles fizeram. Nas tradições antigas, as pessoas seguiam os passos de seu mestre e só passavam a trilhar o próprio caminho quando chegassem ao fim do caminho anterior. Nesse ponto, a pessoa pede uma bênção e, assim munida, une-se à linhagem ininterrupta de mestres que a precederam (linhagem semelhante à dos antepassados) e leva adiante as grandes realizações deles. Assim, na tradição oriental, o discípulo sempre deve demonstrar gratidão e respeito pelo mestre, independentemente de qualquer diferença de opinião, pois percebe que até então não teve de aprender nada por si mesmo; recebeu todo o seu conhecimento pela caridade e boa vontade do mestre.

As bênçãos e as habilidades que o mestre, o professor, os anciãos e os pais podem transmitir a seus alunos e filhos são chamadas *mana*. Tudo isso envolve uma grande responsabilidade, pois o mestre deve provar a sinceridade do discípulo e este deve provar a competência do mestre. Os antigos havaianos não transmitiam muitas coisas materiais de geração em geração (no máximo, uma canoa e alguns objetos), mas transmitiam *mana* — habilidades particulares e força mental. Esse legado intangível vale muito mais que bens materiais, pois é fácil perder a riqueza material, ao passo que com conhecimento e habilidades é sempre possível ganhar dinheiro; os economistas falam do *poder de ganho* ou *capacidade de ganho*, o poder de transmutar o conhecimento e a perícia em dinheiro vivo. As bênçãos recebidas dos antepassados são o segredo do quarto mandamento, de honrar pai e mãe, para que teus dias sejam longos sobre a terra — é o único dos Dez Mandamentos que traz consigo um poder de cura garantido.

Os três "eus" — a família interior

A psicologia da *huna* contém um modelo semelhante às noções ocidentais de subconsciência, consciência (o estado de vigília) e supraconsciência. Fala-se de três eus: o eu inferior (*unihipili*), o eu intermediário (*uhane*) e o eu superior (*auma-*

kua). Essa tríade representa uma família interior, e, da mesma maneira a pessoa é capaz de seguir seu próprio caminho com confiança e contentamento quando tem um bom relacionamento com os pais, assim também o caráter e a mente da pessoa estarão em equilíbrio quando a família interior estiver em harmonia. É como diria um metafísico: "O que está dentro é igual ao que está fora".

Unihipili — o eu inferior, o subconsciente e a criança interior

Unihipili é o eu inferior, o subconsciente. Tem uma autoridade intrínseca que funciona independentemente e não exige controle consciente. Na *huna*, esse ser é chamado de criança interior ou filho interior. Segundo a tradição da *huna*, o eu inferior tem três funções: armazenar dados (aspecto impessoal), gerenciar o banco de dados (aspecto pessoal) e regular as funções corpóreas inconscientes. *Unihipili* armazena todas as memórias conscientes e inconscientes — e todas as memórias ancestrais — na forma de programação genética e memória celular. Como numa biblioteca gigantesca, todas as memórias da sua vida e de vidas anteriores, todo fragmento de registro ancestral masculino e feminino, toda crença, decisão e trauma de infância estão cuidadosamente armazenados e rotulados como bons ou maus. Além disso, o eu inferior é capaz de acessar o campo morfogenético e o inconsciente coletivo. O bibliotecário é chamado de criança interior.

A expressão *unihipili* é formada por três palavras que nos dizem muito sobre as peculiaridades psicológicas do subconsciente. *U* é a representação de um ser independente: a criança interior. Ele administra todas as funções corpóreas sem a nossa intervenção consciente. Esse ser age dia e noite — é o servo perfeito — mas, ao mesmo tempo, é imprevisível e difícil de domar. Seus poderes são imensos, e quem ganhou a sua confiança é capaz de realizar praticamente qualquer coisa.

A palavra *nihi* indica que nossa criança interior tem medo da punição e, por isso, às vezes se recusa a cumprir suas funções. *Nihi* também significa "saco preto" e nos mostra quanto os sentimentos de culpa, certos complexos e suas causas (memórias inconscientes), padrões e programações ancestrais podem estar ocultos no fundo do nosso ser. É claro que tudo isso acontece com o intuito de nos proteger de dores ulteriores. As experiências traumáticas estão, na maioria dos casos, ligadas a fortes sentimentos de culpa, e até as vítimas de crimes violentos e as crianças que sofreram abuso sexual muitas vezes se sentem parcialmente responsáveis pelo que aconteceu. Em nossa cultura, muita gente criou o hábito de acreditar que (1) é culpada de algo desde o nascimento e (2) quem é culpado merece castigo: um coquetel psicológico extremamente venenoso. Todo terapeuta sabe quanto é catastrófico simplesmente pôr para fora todo o conteúdo do "saco preto" e só depois pensar em como esses detritos podem ser recolhidos. Em vez disso, tudo o que podemos fazer é lentamente procurar ganhar a confiança da nossa criança interior e depois tratar desses assuntos dentro de um espaço seguro. É só quando alcançamos o sucesso num assunto que podemos passar para o assunto seguinte. Essa técnica é chamada *mahiki*, descascar uma cebola.

Traduzida, a palavra *pili* significa "grudar em" ou "aderir". Assim como uma criança pequena que gruda na mãe e sempre quer saber e aprender as coisas, o eu inferior se apega ao *uhane*, o eu intermediário. Tudo o que o eu intermediário diz ou pensa sobre si mesmo e sobre os outros (o diálogo interior) é encarado como verdade pelo eu inferior. Seu eu consciente é responsável por identificar a verdade e escolhe quais verdades podem penetrar nas profundezas do subconsciente, formando uma imagem de você mesmo e do mundo. Você (o eu intermediário) é quem determina quais rótulos estarão afixados em suas memórias. As coisas nas quais acredita no fundo de seu coração (o subconsciente) são coisas que você passa a esperar que aconteçam e que, em decorrência disso, passa a perceber também no ambiente exterior. Trata-se de um condicionamento neurológico simples, que a ciência do cérebro já conhece há mais de quarenta anos — os que pensam em preto e branco só têm uma opção para ser feliz.

Uhane — o eu intermediário

Uhane se traduz como "o ser que fala de si". Falamos conosco e sobre nós, com outras pessoas e sobre elas. A palavra "pessoa" vem do verbo latino *personare*, que significa "falar por meio de". Isso remonta aos atores do mundo antigo, os quais seguravam máscaras (raivosas, sorridentes ou tristes) diante do rosto, de modo que o som que ressoava através da madeira e da caricatura nela entalhada acabava constituindo a *"persona"* ou "personagem". A característica mais marcante de cada pessoa é seu modo de falar, e o modo pelo qual você fala dos outros revela seu caráter e sua maturidade espiritual; *uhane* é exatamente isso — um ser que se revela por meio da comunicação.

Já se disse que no princípio era o verbo. As origens do termo *verbo*, que significa "palavra", se encontram na raiz sânscrita *vrit*, que significa "impulso mental" ou "onda". Quando dizemos algo, é como se jogássemos uma pedra nas águas da nossa vida, e cada palavra provoca ondulações de pensamentos que se espalham e moldam a praia. O modo como você fala consigo mesmo molda seu corpo, e o modo como fala com as pessoas molda seus relacionamentos. Nos manifestamos por meio da linguagem — *vrit*, a onda —, de modo que cada palavra tem seu valor.

Exercício

Um exercício para ajudar você a fazer contato com sua criança interior

Analise seus sentimentos relacionados às seguintes afirmações:

Você é culpado.
Minha opinião é a única correta.
Eu sei o que é correto.
Eu conheço você.

Agora ative o lado luminoso da sua criança interior com as seguintes afirmações:

Você tem valor.
Respeito sua opinião.
Sou grato a você pelas experiências que partilhamos.
Você ampliou meus horizontes.
Sou grato a você de todo o meu coração.

O mesmo que está dentro está fora — da família interior para a família exterior. É nosso diálogo interior que nos deixa felizes ou tristes e constitui nossa autoimagem. Muitas vezes, herdamos esse diálogo de nossos pais: o que seus pais pensavam sobre eles próprios e o que disseram a você, é fato, acabou se tornando a verdade sobre você mesmo. De idêntica maneira, o eu inferior aceita nosso diálogo interior como uma verdade; ora, a imagem que você tem de si (*ike*) e aquilo para o que você vem voltando sua atenção (*makia*) moldarão seu diálogo interior.

Uhane é o componente consciente da nossa personalidade, a parte que age de forma deliberada e proposital. Você é responsável por si, e, na qualidade de eu intermediário, deve assumir o controle de seu eu inferior. Ao desenvolver seu ser consciente, você é responsável pelo peso que atribui aos acontecimentos e pelo diálogo interior que escolhe manter. Quando não se sente bem (sua criança interior está abalada), é função do eu intermediário realizar um *ho'oponopono* para pedir desculpas e assumir cuidadosamente o timão do navio.

Exercício

Um exercício para examinar sua vocação e/ou o sonho de sua vida

Disponha seis âncoras de solo nas quais tenha escrito as seguintes palavras: (1) Minha vocação, (2) Minhas habilidades, (3) O eu superior, (4) Eu, (5) O eu inferior e (6) O mundo. Nesta constelação e/ou reunião, o foco é sua vocação (1). Disponha todos os outros elementos do sistema em relação a essa âncora de solo e examine os sentimentos de cada posição representativa, uma por vez. Em seguida, realize um *ho'oponopono* a partir da posição "Eu" (4), dizendo, por exemplo: "Sinto muito por ter tido tão pouca consideração por você (1). Por favor, me perdoe. Eu te amo. Sou grato a você". Ou: "Sinto muito por ter feito tão pouco para promover vocês (2). Por favor, me perdoem. Eu as amo. Sou grato a vocês". Agora, aos poucos, procure identificar uma formação de resolução de cura. Onde e como os três eus, sua família interior, estão colocados uns em relação aos outros? Onde estão suas habilidades, sua vocação e o mundo?

Aumakua — o eu superior

O eu superior é, por assim dizer, o embaixador da Origem, um observador, um companheiro benevolente e um amigo. O eu superior também é chamado de consciência superior, alma superior e inteligência cósmica. É a fonte de nossas inspirações. *Aumakua*, o eu superior, governa nosso plano cósmico — é uma determinação latente, uma espécie de obrigação e responsabilidade para com o todo (sânscrito: *dharma*), percebido como uma vocação inerente a todo ser vivo.

Exercício

Um exercício sobre sua família interior

Escreva em três folhas de papel: (1) *Uhane* (eu), (2) *Unihipili* (criança interior) e (3) *Aumakua* (consciência superior). Disponha essas folhas de papel pelo chão como âncoras de solo. Fique em pé sobre cada uma delas e use seus sentimentos para explorar todos os aspectos da sua personalidade, perguntando-se:

(1) Como meu eu inferior se sente?
(2) Como eu me sinto enquanto eu intermediário?
(3) Como meu eu superior se sente?

Registre cada uma das respostas em seu caderno.

O perdão é a chave

O objetivo supremo de todo ser humano é um estado de felicidade e paz interior. Os maiores obstáculos no caminho da felicidade são o ressentimento, as memórias negativas e o sentimento de que não valemos nada. Estudos realizados pela Universidade de Stanford mostraram que muita gente pensa que a culpa de sua infelicidade é das circunstâncias, da política, das instituições, dos acontecimentos mundiais ou das outras pessoas. Os que assim pensam identificaram certas coisas sobre as quais podem lançar a responsabilidade de sua própria infelicidade. Em outras palavras, você encontra uma certa pessoa a quem não tem em grande consideração, e espera que seja ela a mudar para que você possa ser feliz de novo. Desejo-lhe boa sorte nesse caminho, porque você vai precisar, e muito.

Ser feliz é uma atitude perante a vida, e essa atitude é menos determinada pelas circunstâncias exteriores que pelas qualidades interiores. É um traço de caráter — e, para que seu caráter se desenvolva e se transforme numa personalidade madura, você tem de aprender a se libertar das influências negativas do passado. É a única maneira de levar uma vida de realização e felicidade no aqui e agora. Para ser feliz, você tem de aprender a perdoar. As pessoas de caráter maduro e atitude social forte são as que conseguem assumir a responsabilidade pela própria vida e perdoar. Do mesmo modo, as pessoas que permanecem apegadas aos acontecimentos do passado com raiva, pesar, autocrítica e arrependimento são como motoristas que descem uma montanha olhando apenas para o retrovisor e não sabem para onde vão; se você só olha para trás, não conseguirá ver o que está bem debaixo do seu próprio nariz.

Em nossa vida, especialmente na infância, às vezes acontecem coisas que deixam em nós uma ferida profunda — mas a vida quer nos curar. O princípio da vida é cura, aceitação, reconciliação, amor e perdão. Quando você corta o dedo, a vida ativa todos os poderes de autocura para fechar a ferida. As feridas se fecham se não as coçarmos nem mexermos nelas, mas nossas memórias negativas não cessam de "mexer" nesses machucados; é por isso que o melhor é transformar as memórias negativas e nos concentrarmos em nossas verdadeiras metas. Pergunte a si mesmo o que gostaria de sentir e viver no futuro.

Tanto na qualidade de pais quanto na de filhos, temos de ser capazes de perdoar — na escola, na vida profissional ou num relacionamento a dois. Para termos sucesso na vida e para amar a vida, precisamos aprender a perdoar — e o mesmo vale para o amor. Na verdade, se o amor fosse um bolo, teria de levar os seguintes ingredientes: (1) a capacidade de passar por cima dos pequenos erros e gafes que não fazem mal a ninguém e (2) a capacidade de desejar somente coisas boas para as outras pessoas.

Há três categorias de pessoas a quem temos de perdoar na vida: (1) nossos pais, (2) todas as outras pessoas e, por fim, (3) nós mesmos. O perdão, especialmente o perdão a si mesmo, não é fácil, mas qualquer pessoa é capaz de aprender a perdoar. Imagine como haveria paz entre as pessoas e no mundo se todos os indivíduos perdoassem a si mesmos e uns aos outros. O perdão é a chave — é como a chave do carro: quando a giramos, o motor começa a funcionar. Esse é o caminho para amadurecermos e acelerarmos nosso desenvolvimento pessoal; o perdão pode até mesmo ser a chave para a paz mundial.

> *Não se morre da mordida da cobra, mas do veneno.*
>
> Provérbio indiano

Dois monges

Dois monges da ordem de Shaolin* certa vez viajaram para montanhas distantes. Queriam renunciar completamente ao mundo, desistir de lutar e não fazer outra coisa exceto meditar. Passaram quatro invernos e três verões reclusos numa caverna. Durante o quarto verão, sentiram no coração o desejo de voltar ao mundo. Assim, levantaram acampamento e desceram para o vale. No caminho, depararam com dois ladrões. Os dois ladrões se curvaram, pois os reconheceram pela roupa como monges do temido mosteiro de Shaolin. "Vocês não têm nada a temer — renunciamos às artes marciais", disseram os dois monges com voz amistosa. Imediatamente, os ladrões sacaram as espadas e mataram os dois monges.

---

* A ordem de Shaolin é uma ordem monástica budista da China. O mosteiro original situa-se no Monte Song, condado de Dengfeng, e os membros da ordem são famosos por suas habilidades de luta (*kung fu Shaolin*).

A história dos dois monges mostra que perdoar não significa aceitar tacitamente qualquer coisa, pois às vezes temos de procurar deter alguém com todos os recursos permitidos. O objetivo único do perdão é nos libertar dos laços energéticos (havaiano: *aka*) que nos ligam ao perpetrador e ao ato. Em vez de deixarmos que o ódio nos cegue, vamos perceber as muitas coisas belas que existem em nossa vida. Num *ho'oponopono*, partimos do princípio de que cada acontecimento da vida traz sua mensagem e que os obstáculos podem nos fazer tropeçar ou nos servir de trampolim. É só uma questão de voltarmos nossa atenção para a meta (*kūkulu kumuhana*) e seguirmos o conselho de todas as pessoas bem-sucedidas: olhar para a solução e nos perguntar o que aprendemos e ganhamos com a situação. Vamos dizer "sou grato" do fundo do nosso coração, com todo o amor, e vamos passar, nesse instante, da escassez para a abundância.

Exercício

Um exercício com âncoras de solo sobre o perdão

Você vai precisar de três âncoras de solo. Escreva (1) o nome de uma pessoa que você ainda não perdoou na primeira folha, (2) seu próprio nome da segunda folha e (3) as palavras "Observador neutro" na terceira folha. Disponha as três folhas no chão de uma maneira que lhe pareça correta. Fique em pé sobre cada uma das três folhas, uma de cada vez, e analise seus sentimentos. Como se sente? Quais são as diferenças no seu modo de ver o mundo (*ike*)? Em que você se concentra (*makia*)? Qual seu grau de liberdade (*kala*)? Recupere o controle sobre sua força (*mana*) e cumpra (*manawa*) um pequeno ritual de perdão (*aloha*): "Sinto muito por ter visto você como um inimigo. Eu também sou um inimigo. Por favor, me perdoe. Eu te amo. Sou grato a você por esta cura de todos os envolvidos. Sou grato a você por esta transformação. Sou grato a você pelo milagre". Agora fique em pé sobre cada uma das âncoras de solo, uma por vez, e explore seus sentimentos. Como o observador neutro encara o ritual de perdão?

Seguindo uma nova fórmula

Há muita gente que vive numa prisão mental desde a primeira infância e carrega consigo um grande sentimento de culpa, e isso só ocorre em razão das influências culturais. Para piorar, essas pessoas se sentem culpadas por tudo o que já fizeram e por tudo o que deixaram de fazer.

Pergunto-lhe o seguinte: se tornássemos a conversar daqui a um ano, como você teria de viver durante esses doze meses a fim de não se arrepender de nada? Como teria de se comportar a fim de ser livre e deixar de ser seu maior crítico e juiz?

Exercício

Um exercício de amor-próprio

Fique em pé diante de um espelho e faça uma constelação familiar sua com você mesmo, dizendo: "Eu te amo, ... (diga seu nome), de todo o meu coração". Repita essa frase várias vezes e sorria por 30 segundos, pois é esse o tempo que demora para que todas as células do seu corpo recebam o fluxo de endorfina.

Instalando uma nova vida

O perdão permite que você deixe o passado para trás e comece de novo. É como reformatar o disco rígido de um computador ou instalar um novo sistema operacional. Faz-se um *backup* dos dados antigos nos registros akáshicos* e a partir daí eles não têm mais influência sobre sua vida. O *ho'oponopono* é uma poderosa ferramenta de limpeza interior que lhe permite se livrar dos dados antigos, das memórias e das crenças limitantes. Se você rodou o programa errado ou está com o disco muito cheio, terá de rodar um novo programa e deletar os dados velhos. O mesmo vale para uma calculadora de bolso — se quiser fazer uma nova soma, terá primeiro de apertar C para deletar os números do último cálculo. Imagine a si mesmo como um computador: seu corpo ou seu cérebro são o *hardware* e seu modo de pensar é o *software*. Agora imagine que todas as suas memórias — conscientes e inconscientes — estão armazenadas como dados no disco rígido de um computador. Seus pensamentos e memórias destrutivos, seus preconceitos e mágoas do passado têm efeito semelhante ao de vírus e cavalos de troia. Tornam o sistema mais lento, geram resultados incorretos e fazem, por fim, com que o sistema caia. O programa antivírus é lançado em *pule*, a conexão.

---

* Os registros akáshicos formam uma espécie de "Livro da Vida" etéreo em que estão registrados todos os acontecimentos da existência humana — tudo o que já ocorreu, está ocorrendo e virá a ocorrer no futuro.

Em *mahiki,* a fase de discussão, todos os vírus e cavalos de troia são identificados e os programas destrutivos são postos em quarentena por *mihi,* que é a absolvição e o perdão; então o mais elevado sistema operacional, a Origem Divina dentro de você, pode deletar todos os vírus e cavalos de troia de seu disco rígido com o comando *kala* e/ou as palavras "sou grato".* O que resta é um registro de suas experiências em estado puro, mas essas experiências já não podem provocar dor, pois você só verá as coisas que aprendeu e as coisas que o protegeram de um sofrimento ainda maior.

---

* Ver um resumo dos quatro estágios de uma reunião familiar nas pp. 77-8.

Um exemplo

Ao chegarmos no final deste livro, quero lhe dar um exemplo que torna a demonstrar como vamos trocando de papéis no palco da vida. Ele mostra também quanto é útil vermos as coisas como uma criança as vê, pois ela só é capaz de sentir o que é real; e mostra, por fim, quanto a ordem e a sequência são importantes na constituição das coisas. Veremos quão grandes são os resultados que podem ser alcançados quando colocamos as coisas na ordem que lhes cabe — e é esse o objetivo do *ho'oponopono* e da constelação familiar. O exemplo a seguir pode parecer estranho para quem nunca participou de uma constelação familiar, mas é exatamente essa a razão pela qual podemos aprender tanto com ele.

Philip tem 12 anos. Natural da Croácia, mora na Alemanha há cinco anos com Maria, sua mãe. Maria e o pai de Philip separaram-se há oito anos. Ela se casou novamente há quatro anos e Philip tem um excelente relacionamento com o padrasto. Nas férias de verão, Philip sempre visita o pai biológico na Croácia. No entanto, como o pai trabalha como motorista de táxi durante o dia, Philip passa a maior parte do tempo com os avós.

Maria pediu uma consulta pessoal para si mesma e para o filho. Eu e minha companheira Andrea Bruchacova organizamos uma constelação com eles, usando âncoras de solo e bichos de pelúcia como representantes. A questão é melhorar o relacionamento entre pai e filho. Quando Philip fala sobre o pai, descreve-o como um homem pobre, fraco e retrógrado, que não tem dinheiro para complementar a mesada do filho. Está claro que Philip, no geral, sofre pela ausência do pai e dos avós. Há uma sombra cobrindo o coração da criança.

Philip já participou de constelações familiares como observador e conhece o procedimento. Dentre um conjunto de bichos de pelúcia, ele escolhe um cachorrinho como representante do pai e coloca-o num canto. Coloca uma âncora de solo (uma folha de papel com uma seta que representa a direção do seu olhar) no meio da sala como representação dele próprio. Perguntamos a Philip como seu pai se sente. "Meu pai se sente pequeno e fraco." "E você, como se sente?", perguntamos. "De algum modo me sinto melhor, forte. Ora, nós moramos na Alemanha." "Seu pai poderia chegar mais perto de você?" "Não."

Pedimos então a Philip que pegue dois objetos para representar os avós. Ele pega duas folhas de papel, escreve nelas as palavras croatas para "vovó" e "vovô" e coloca-as mais perto dele. Cria-se assim um triângulo cujos vértices são o pai, os avós e Philip. "Como seus avós se sentem?" "Meus avós se sentem tristes." "O que seu pai está sentindo agora?" "Meu pai tem de ficar um pouco mais alto agora. Podemos pôr o cachorro numa cadeira? Meu pai se acha melhor que os pais dele, os olha com desprezo, pois eles não conseguiram nada na vida."

Consegue ver o padrão que se estabeleceu aí? Philip despreza o pai como este despreza seus próprios pais. Philip e seu pai acreditam que a geração anterior falhou e, assim, perdeu força. A energia, o mana e as bênçãos dos ancestrais estão bloqueados.

No estágio seguinte, vamos pôr ordem no sistema e dar clareza à sequência das pessoas. Pedimos a Philip que se coloque no lugar do pai e, como representante deste, diga aos avós: "Vocês são mais velhos e sou mais novo. Vocês são meus pais e eu sou o filho de vocês. Sinto muito por ter olhado vocês com desprezo. Por favor, me perdoem. Amo e respeito vocês. Sou grato a vocês." Pedimos a Philip que se incline.

Philip se coloca então no lugar dos avós. Representando o avô, ele diz (pois a questão aí é o relacionamento entre pai e filho): "Sou seu pai. Sou mais velho e você é mais novo. Amo e respeito você. Sou grato a você". Philip explora seus sentimentos nessa posição e diz que os avós agora se sentem fortes e estão contentes com esse bom relacionamento. Philip gostaria de aproximar um pouco o pai e os avós.

Philip se senta numa cadeira como observador da constelação. Perguntamos se seu pai agora pode se aproximar um pouco mais dele,

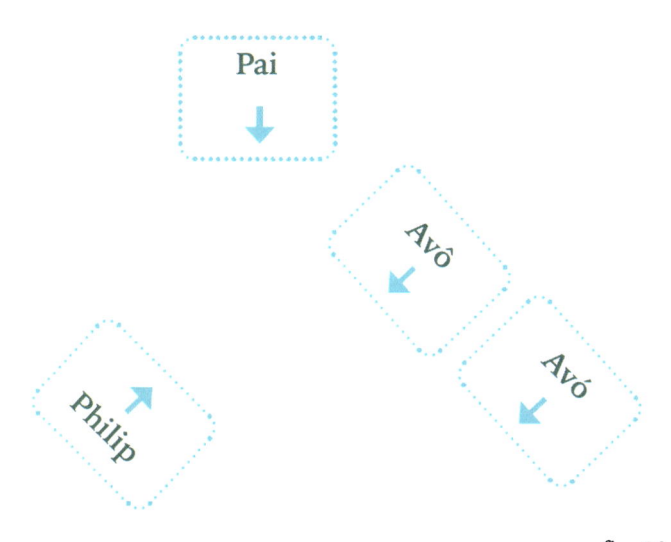

fig. 10

de sua âncora de solo. Ele diz que sim, e aproximamos a cadeira e o cãozinho. Pedimos a Philip que se coloque no lugar do pai e, como representante deste, diga à âncora de solo do próprio Philip: "Sou seu pai e você é meu filho. Sou mais velho e você é mais novo. Sinto muito. Por favor, me perdoe. Eu te amo. Sou grato a você".

Não sabemos exatamente o que está causando sofrimento neste caso, mas é certo que Philip sente mágoa no coração devido à separação dos pais. Queremos resolver essa mágoa num ho'oponopono simplificado. Perguntamos a Philip como seu pai está se sentindo agora. Ele diz que o pai está se sentindo ótimo e acrescenta que agora o pai é tão forte quanto o filho. Antes da constelação, Philip se sentia maior que o pai, o olhava com certo desprezo e também adotara a posição do pai em seu relacionamento com os avós.

Como facilitador da constelação, eu mesmo agora fico em pé sobre a âncora de solo de Philip para que este possa se distanciar de sua própria pessoa e observar os estágios da solução como uma imagem. Digo: "Você é meu pai e sou seu filho. Recebi de você a minha vida". Esperamos um minuto em silêncio. "Eu havia trocado de papel com você antes. Sinto muito. Por favor, me perdoe. Você é mais velho e sou mais novo. Eu te amo. Sou grato a você." Perguntamos a Philip se o pai pode se aproximar dele e ele aceita a ideia.

É extremamente útil pedir a opinião dos representantes quando ocorrem mudanças no quadro. Perguntamos a Philip onde os avós devem se colocar agora. Philip pede que os avós também se aproximem. Eles estão atrás do pai, num leve ângulo que permite que Philip os veja facilmente.

Pedimos a Philip que fique de pé sobre sua âncora de solo. Ele assume a posição e se inclina. Pedimos que diga as seguintes frases aos avós, em voz alta: "Sou o neto de vocês e vocês são meus avós. Sou grato a vocês". Ele se volta para o pai: "Sou seu filho e você é meu pai. Honro você e sua vida. Eu te amo. Sou grato a você".

Perguntamos a Philip como se sente e ele responde: "Incrível!" Deixamos a formação de resolução de cura no local por mais um minuto para que ela faça efeito. Depois, tiramos as âncoras de solo e sacudimos o cão e os outros bichos de pelúcia; em regra, os representantes devem sacudir-se ou bater as mãos sobre o corpo quando saem do papel. Partilhamos uma xícara de chá de hortelã e falamos sobre o clima. Tenho de admitir que estamos todos muito orgulhosos de Philip. A constelação inteira durou apenas cerca de 30 minutos.

Uma semana depois, Philip nos telefonou para dizer que o pai lhe enviara 20 euros por transferência bancária. "É a primeira vez que ele fez isso, e é uma quantia bem grande." Philip diz que está na expectativa de passar as férias com o pai e, é claro, com os avós.

Muitas vezes ouvimos falar dessas viradas inesperadas da vida, da cura de relacionamentos com mães, pais, filhos, colegas e empregadores, vizinhos, casas e apartamentos, das pessoas consigo mesmas, com a vida em geral e muito mais. A cura nem sempre é tão rápida quanto neste exemplo, mesmo assim, no *ho'oponopono*, dizemos que somos gratos: "Sou grato a você pelo milagre. Ainda não o vejo, mas sei que já está a caminho de se manifestar em minha vida".

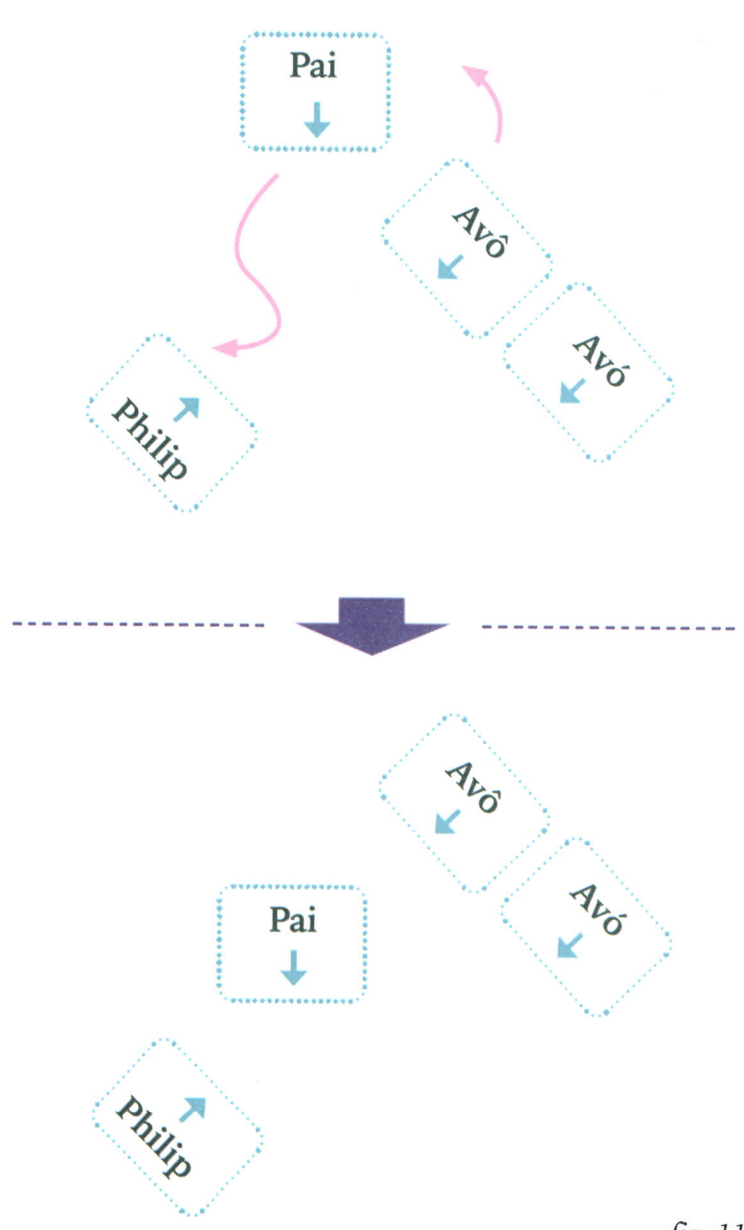

fig. 11

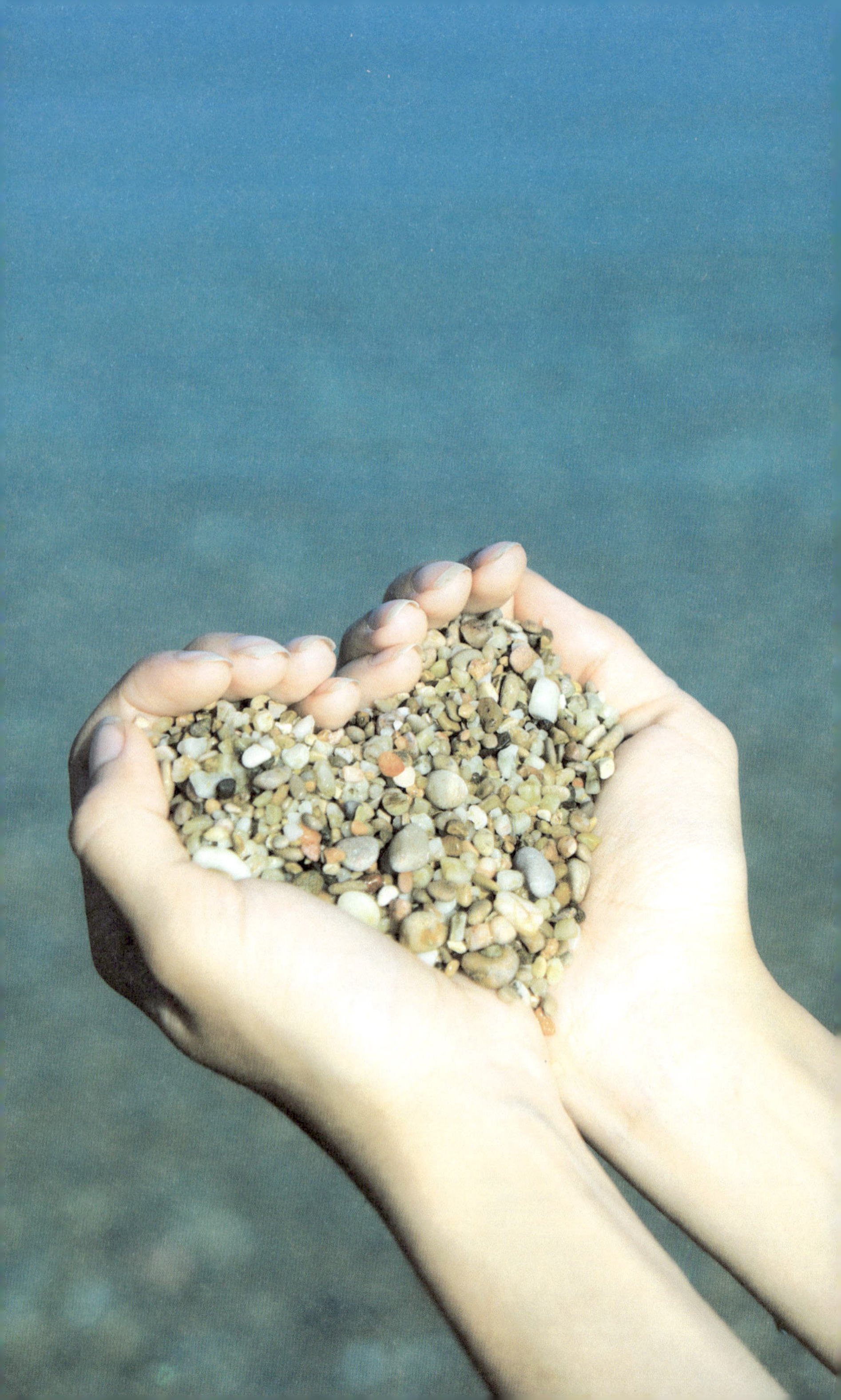

Separar e Unir — Parte 2

Nasci sob o signo de Capricórnio e, se você acredita em astrologia, sabe que os capricornianos são pessoas práticas e terra a terra. Quer a astrologia seja verdadeira, quer não, o fato é que sou uma pessoa prática e gosto de coisas que funcionam. Por estar em busca da felicidade e da paz, tento ser feliz e pacífico. Nem sempre consigo, mas estou trabalhando nisso, pois é coisa sabida que a jornada é o próprio destino. Se alguém, sem prestar muita atenção, me diz que a jornada é o próprio destino, de vez em quando respondo que não tenho interesse pela guerra, somente pela paz — se quero paz, devo também seguir o caminho da paz. Meu interlocutor começará então a compreender que deve haver uma harmonia entre o caminho e a meta. A paz exterior só pode ser alcançada com a paz interior. A riqueza exterior é criada por meio da riqueza interior. A unidade e a felicidade externas são alcançadas por meio de ações alegres e entusiasmadas — sendo feliz aqui e agora, sem esperar pelo futuro.

Todos os seres humanos se esforçam para ser felizes, e só somos felizes quando todos os nossos relacionamentos estão em ordem. Essa comunhão começa com uma interação amorosa conosco mesmos, de acordo com o lema: "Quem cura a si mesmo, cura o mundo inteiro". A mensagem deste livro, como de todos os meus livros, é, portanto, uma mensagem de paz — por dentro e por fora. Com efeito, estou plenamente convicto de que a grande família de todos os seres vivos e do nosso ecossistema (em outras palavras, a casa onde todos nós moramos) há de recuperar seu equilíbrio quando nós — você e eu — nos centrarmos novamente, voltando nosso olhar para aquilo que une todos os nossos corações, a Origem espiritual, e vencermos o ego que nos divide: *nana I ke kumu* (havaiano: olhar para a Origem).

Um cão reconhece o dono quer ele esteja de sunga ou de terno, com ou sem peruca, com ou sem barba, de macacão ou completamente nu. O cão reconhece o dono — sempre. Do mesmo modo, quando não consigo ver que a origem espiritual de todos os seres vivos é a mesma, não tenho de admitir que meu conhecimento é menor que o de muitos cães por aí? Mas errar é humano. Quando tomamos consciência de que há algo em nossos corações que nos liga uns aos outros, que nos liga exatamente pelo fato de sermos diferentes uns dos outros, damos a esse algo diferentes nomes: o universo, uma inteligência que tudo permeia, amor, a Origem, Krishna, Jeová, Alá, Deus, Buda, *ke akua*, Vishnu...

Sigamos, portanto, o caminho da paz, todos juntos e individualmente. As constelações familiares e o *ho'oponopono* poderão ser úteis para você nessa busca, e de todo o meu coração desejo-lhe grande alegria no uso desses dois instrumentos, que o ajudarão a curar seus relacionamentos em todos os níveis.

Desejo-lhe todo o sucesso em sua jornada espiritual.

Ulrich Emil Duprée

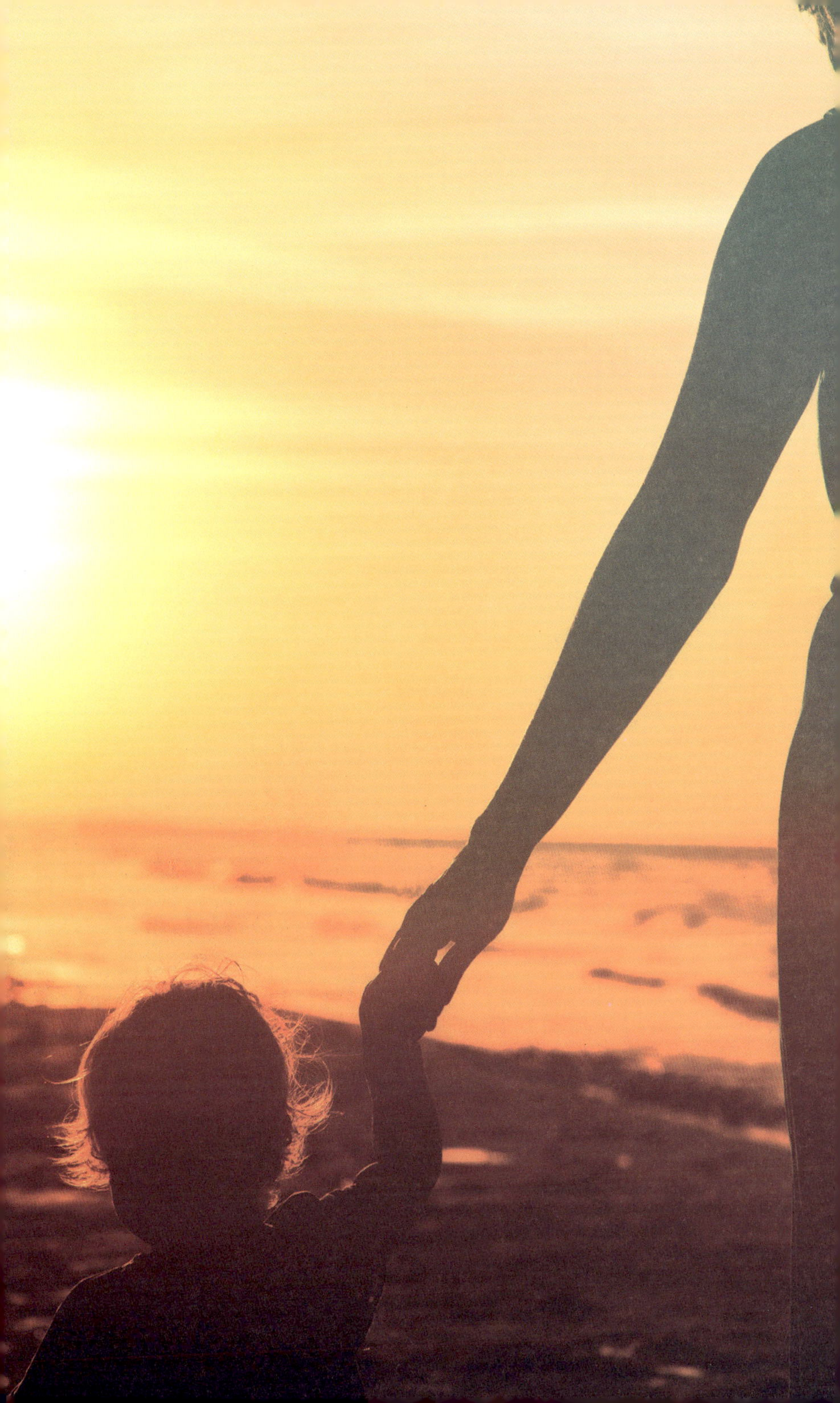

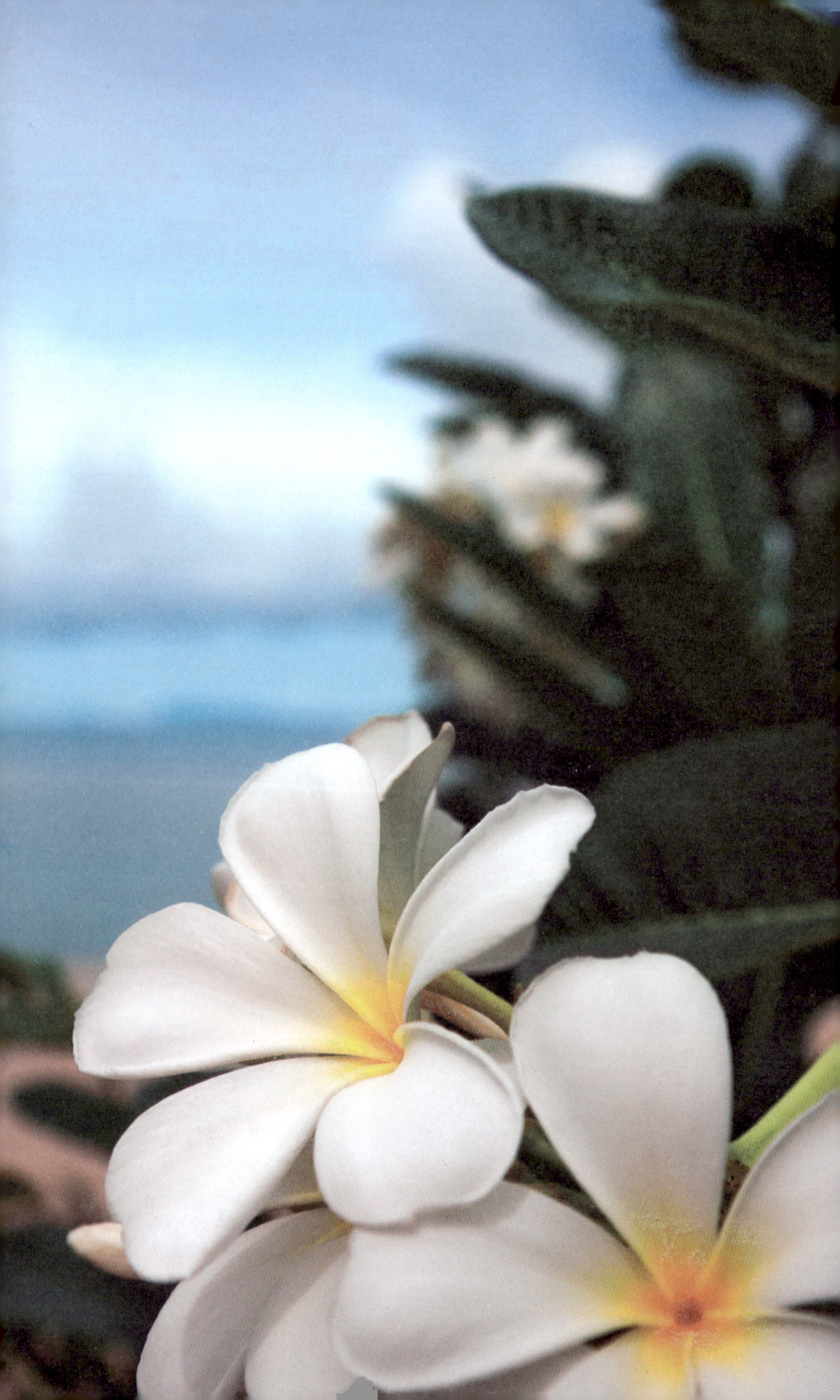

Apêndice

A reunião familiar havaiana em detalhes

Tradicionalmente, o *ho'oponopono* compreende doze etapas e se divide em quatro estágios:

(1) Fase de abertura, com uma oração e a identificação do problema.
(2) Fase de discussão, com uma descrição das percepções, pontos de vista, sentimentos e razões do comportamento.
(3) Fase de libertação, com o sincero perdão recíproco e a liberação de todos os sentimentos negativos.
(4) Fase de fechamento, com uma oração e gratidão a todos os envolvidos por haverem escolhido a harmonia e o amor. Ao mesmo tempo, reforçamos nosso objetivo comum e por fim comemos juntos.

Esses quatro estágios são como as estações, e as etapas individuais correspondem aos meses. Mary Kawena Pukui deixa claro que o *ho'oponopono* não é um conceito isolado, mas, ao contrário, sempre representa a totalidade de *pule, mahiki, mihi* e *kala*.

4 fases
4 frases
4 estações
4 variantes

12 etapas
12 meses

Minha pergunta sobre o sentido e a precisão das diversas variedades do *ho'oponopono* me foi respondida pela sacerdotisa havaiana Haleaka Iolani Pule (sobrinha-bisneta de Morrnah Simeonah), que morreu em 2014. Ela disse: "Todas as variantes são como as folhas de uma árvore. As folhas não são a árvore. O objetivo do *ho'oponopono* é curar os relacionamentos".

Pule — a oração

O *ho'oponopono* começa com um apelo aos antepassados e à Origem. Essa oração lança um fundamento forte para um bom começo. Todos os presentes são levados a um nível de energia mais elevado. A oração é uma das técnicas do *kahuna* e constitui a própria essência do *ho'oponopono* xamânico.

As pessoas usam essa oração (*pule*) para pedir ajuda, compreensão, audição sincera e fala correta. Pedem para ter a força de falar sem magoar nem culpar os outros. Assim como na comunicação não violenta, as pessoas falam de suas percepções, sentimentos pessoais e necessidades individuais. Pedimos força para ouvir e compreender os outros: "Sem me deixar influenciar por minha mágoa, o que ele/ela está falando?" Pedimos força para expressar a verdade de modo que todos os envolvidos possam compreender o que você quer dizer. Pedimos que a seriedade da situação seja reconhecida e que tenhamos uma oportunidade de restaurar a harmonia. Agradecemos a oportunidade de estarmos próximos uns dos outros na compreensão e por termos a chance de dar e receber o amor. Agradecemos o poder do perdão. Pedimos sabedoria, compreensão, atenção, coragem, retidão e inteligência.

Kūkulu kumuhana

Kūkulu kumuhana é a fase de aquecimento. Todos os participantes passam a integrar a mesma equipe, por assim dizer, e rejeitam toda resistência ao processo de restaurar a harmonia. O objetivo do exercício — o desejo de resolver um problema individual ou grupal de maneira amorosa — é reafirmado de maneira sucinta e reforçado. *Kūkulu kumuhana* concentra os bons desejos e as bênçãos do grupo para todas as partes no conflito.

Hala e *hihia*

Hala consiste em identificar o problema específico. Talvez alguém esteja buscando ajuda para resolver problemas pessoais, como, por exemplo, conflitos na escola ou na vida profissional. Talvez um acordo tenha sido violado, uma regra tenha sido transgredida, uma expectativa legítima não tenha sido atendida, ou talvez tenha ocorrido um crime ou um mal-entendido. Quaisquer que sejam as circunstâncias, muitas vezes é quase impossível identificar *hala* — o problema subjacente — e por isso se estabelece um vínculo direto deste com *hihia*. *Hihia* são os vários níveis da questão problemática, seus efeitos e os muitos aspectos de sua expressão em nossas "imaginações" interpessoais (as imagens que acreditamos ser verdadeiras: ele disse que ela disse... e por isso...). Tudo o que nos perturba, aborrece ou confunde é um sinal de que não estamos em paz conosco mesmo e de que algo precisa ser endireitado dentro de nós.

Quem quer que já tenha participado de uma constelação familiar sabe que um bloqueio energético pode assumir muitas dimensões e tem consciência de seus efeitos destrutivos ao longo do espaço e do tempo. Em outras palavras, os *hihia* nos introduzem no mundo da ilusão, da imaginação, da frustração, do desejo insaciável, dos mal-entendidos, dos padrões, reações e crenças negativas. A plena extensão do problema pode ser comparada a um *iceberg*: *hala* é a ponta, o conflito visível, ao passo que os *hihia*, sob a superfície, representam a mágoa e o sofrimento de seus ancestrais e de todos os envolvidos. Os participantes e observadores também podem ser *hihia* dentro de um conflito.

Mahiki

O problema sempre se torna visível em vários níveis diferentes, e a fase de discussões a esse respeito é chamada *mahiki*. Nela, falamos sobre o que vemos, ouvimos e sentimos, delineando nossas próprias necessidades e as necessidades do grupo no que se refere a acordos, expectativas, desejos, esperanças, objetivos, causas e efeitos. Essa conversa é um processo de autodescoberta; todos os envolvidos olham para dentro de si mesmos e buscam conhecer suas verdadeiras motivações. *Mahiki* é uma autocrítica — ninguém é acusado nem julgado. Você se pergunta: "Quais são as verdadeiras causas e raízes de meus sentimentos e ações? O que fiz ou deixei de fazer? O que fiz ou deixei de fazer e que me tornou parte deste problema?" *Mahiki* literalmente significa "descascar uma cebola" e, à medida que cada camada de trauma vai sendo retirada, muitas lágrimas correm.

Mana'o

Mana'o é a fase em que se pede a todos os participantes que descrevam seus sentimentos, motivações, emoções e necessidades de modo factual, a fim de que todos os envolvidos possam ter uma ideia de como aconteceu o que aconteceu. O *ho'oponopono* enfoca o grupo e suas experiências comuns.

Ho'omalu — tempo para olhar para si mesmo

Lançar mão do abuso, da chantagem emocional e da violência verbal ou física no trato com as outras pessoas é sinal de um forte trauma interior. À medida que as frustrações se acumulam em decorrência de expectativas ou desejos insatisfeitos, o clima pode esquentar. Este é o momento propício para *ho'omalu* — um momento de paz, reflexão e interiorização. A força se cria no repouso. A compreensão cresce quando aprendemos a nos expressar de forma compreensível e de maneira calma. Nosso objetivo comum é a harmonia, não a busca de realizar desejos pessoais. Não existe harmonia simulada e é impossível criar a harmonia com uma atitude superficial ou de otimismo ingênuo. Antes, ela é alcançada por meio da consciência de que a coexistência criativa é possível. A sinergia decorre desse processo de modo completamente natural.

Mihi — perdão recíproco

Mihi são palavras pronunciadas com segurança e a mais absoluta sinceridade. Envolve o reconhecimento de que fizemos algo "feio" e destrutivo. *Mihi* representa o esforço interior para restaurar a paz e a clareza mediante o pedido de perdão. *Mihi* significa perdoar, e, sempre que as pessoas pedem perdão, o perdão é concedido. Este é o perdão recíproco. *Mihi* se cumpre em três estágios: (1) absolvição no nível material, (2) desculpas no nível intelectual e (3) perdão no nível espiritual, no fundo do coração.

A absolvição inclui o pagamento de quaisquer dívidas. Esta é a parte física, material, em que o culpado devolve o dinheiro ou outros objetos e/ou se fazem acordos referentes ao pagamento de dívidas e outras formas de reparação. Num *ho'oponopono* simplificado, dizemos "Sinto muito", pois se entende que ambas as partes sofreram. Quando associamos uma constelação familiar ao *ho'oponopono*, este é o momento em que nos inclinamos e dizemos "Sinto muito".

Seguem-se as desculpas. A(s) vítima(s) e o(s) perpetrador(es) compreenderam o que levou as pessoas a agir de maneira nociva e quais eram as necessidades que procuravam então suprir. Além disso, todos os participantes perdoam a si mesmos — sem o perdão a si mesmos, o *ho'oponopono* permanece incompleto.

O terceiro estágio diz respeito ao coração. Os participantes dizem "por favor, me perdoe" um ao outro, e a regra no *ho'oponopono* tradicional é que todo aquele que pede perdão é perdoado — caso contrário, a purificação do relacionamento será impossível.

Kala e *oki*

A *mihi* segue-se *kala*. Assim que o perdão foi pedido e concedido com perfeita sinceridade por ambas as partes, todos os pensamentos negativos são liberados. *Kala* significa "liberdade", pois todos os laços negativos que nos amarram uns aos outros (os fortes vínculos de *aka*) são desatados. *Kala* significa libertarmo-nos de todas as emoções destrutivas dali em diante e não perdermos mais tempo com julgamento, vingança, ressentimento, inveja etc. *Kala* significa que nos libertamos do passado. É um processo de transformação que atinge seu clímax em *kalana*, o momento da libertação. A situação e o problema agora estão *oki*, ou seja, "resolvidos". Uma vez completados *mihi* e *kala*, o problema terminou e considera-se que está solucionado. Não há mais necessidade de examiná--lo. O disco rígido foi reformatado. O problema agora está nas mãos de Deus, que é o responsável pela transformação.

Pani

Pani é ao mesmo tempo uma reafirmação da questão sob o ponto de vista de sua solução e um reforço do objetivo final do indivíduo ou do grupo. Para que serviria um *ho'oponopono* se os envolvidos continuassem, depois dele, comportando-se como se comportavam antes? A palavra *pani* se traduz como "revolver", e neste caso significa que todos os participantes estão cooperando, puxando algo na mesma direção em vez de fazê-lo em direções opostas.

Pule ho'opau

Pule ho'opau é a oração de encerramento. Dá-se graças a Deus e aos antepassados (*aumakua*) por ter concedido compreensão, inteligência e sabedoria a todos os participantes, de modo que puderam todos contribuir ativamente para chegar à solução.

Refeição em comum — *aloha*

O *ho'oponopono* tradicional termina com todos os participantes partilhando uma refeição, pois essa é uma expressão especial de *aloha* e um bom ponto de partida para objetivos e empreendimentos comuns.

Listas úteis

Sentimentos e emoções com conotações negativas

abalado
abandonado
aborrecido
abusado
acuado
agitado
agressivo
alarmado
alterado
alvoroçado
ameaçado
aniquilado
ansioso
antipático
apreensivo
assoberbado
cansado
cheio de preocupações
cheio de dúvidas
cheio de ódio
chocado
confuso
constrangido
contrariado
culpado
decepcionado
dependente
depreciado
deprimido
desagradado
desalentado
desamparado
desanimado
desassossegado
desconcertado
desconsiderado
descuidado
desencantado
desencorajado
desesperado
desestimulado
desgastado
desprezado

desrespeitado
desvalorizado
difícil
distraído
do contra
doente
em pânico
embaraçado
encolerizado
entediado
envergonhado
esgotado
espezinhado
esquecido
estarrecido
estressado
estúpido
exasperado
exausto
explorado
expulso
ferido
fraco
fraudado
frio
frustrado
furioso
hesitante
horrorizado
humilhado
ignorado
impaciente
impotente
incomodado
incompreendido
indiferente
indignado
indisposto
infeliz
inibido
inquieto
insatisfeito
intimidado

intranquilo
inútil
invejado
invisível
irado
irritado
isolado
letárgico
ludibriado
magoado
mal compreendido
mal interpretado
mal-humorado
maltratado
manipulado
miserável
morto
não levado a sério
não reconhecido
negligenciado
nervoso
ofendido
opressivo
paralisado
penitente
perplexo
perturbado
pesaroso
petrificado
pressionado
prostrado
provocado
raivoso
rancoroso
rejeitado
repugnado
ressentido
retraído
ridicularizado
rígido
sabotado
sem importância
sob ataque

sobrecarregado
solitário
sombrio
sufocado
suscetível

temeroso
tenso
tímido
transtornado
tratado como criança

tremendo
triste
usado
vagaroso
vencido

Sentimentos e emoções com conotações positivas

aberto
acolhedor
agradável
aliviado
altivo
amado
amistoso
amoroso
animado
apaixonado
apaziguado
apegado
arrebatado
a salvo
atendido
atento
ativo
atônito
autoconfiante
ávido
bem cuidado
brincalhão
cabeça fria
calmo
casual
cativado
certo da vitória
cheio de amor
cheio de energia
cheio de vida
cheio de vitalidade
claro
comedido
comovido
completo
compreendido
comprometido
confiante
consciente de si

contente
controlado
convicto
corajoso
correspondido
cuidado
curioso
de bom-humor
de coração leve
deleitoso
desperto
despreocupado
determinado
devotado
divertido
dócil
em forma
emotivo
empreendedor
enamorado
encantado
engraçado
entusiasmado
equilibrado
espantado
esperançoso
estimulado
expansivo
exuberante
exultante
fascinado
feliz
frugal
grato
honrado
imparcial
impressionado
inquisitivo
inspirado

jubiloso
lépido
leve
liberto
livre
motivado
nas nuvens
otimista
pacífico
poderoso
popular
positivo
protegido
radiante
rápido
realizado
renovado
resolvido
respeitado
saciado
satisfeito
seguro de si
sereno
silencioso
solícito
surpreso
terno
tocado
tranquilo
útil
valorizado
valoroso
vibrante
vigilante
vigoroso
zeloso

Glossário

Aka (havaiano): corda, rede
Akua (havaiano): deus, deusa, um ser sobrenatural
Aloha (havaiano): amor, respeito divino, compaixão
Atman (sânscrito): o si mesmo, o espírito
Aumakua (havaiano): antepassados, deuses dos ancestrais, o eu superior, mensageiro dos deuses
Blema (grego): atirar
Chakra (sânscrito): centro energético sutil vinculado às glândulas
Dharma (sânscrito): dever, vocação
Ha (havaiano): expiração, vida, quatro
Haku (havaiano): um mediador/companheiro num *ho'oponopono*
Hala (havaiano): engano, malfeito, gafe, erro
Hana (havaiano): tarefa
Hihia (havaiano): emaranhamento, rede, participante emaranhado, testemunha ocular
Ho'o (havaiano): causar, fazer
Ho'omalu (havaiano): pausa, período de silêncio, paz, proteção
Ho'omauhala (havaiano): ser incapaz de perdoar
Ho'oponopono (havaiano): endireitar novamente as coisas
Ike (havaiano): consciência, observação
Kahuna (havaiano): sacerdote, pessoa dotada de um conhecimento especial, especialista na *huna*
Kala (havaiano): liberar, libertar, desamarrar
Kalana (havaiano): liberdade
Kanaka makua (havaiano): personalidade madura
Kanaloa (havaiano): pessoa que caminha com Deus, grande curandeiro
Kane (havaiano): pessoa
Karma (sânscrito): lei de causa e efeito
Ke (havaiano): artigo definido (o/a)
Ke Akua (havaiano): a Origem, o deus nos corações humanos
Ki (havaiano): força vital
Kūkulu (havaiano): acumular
Kumu (havaiano): causa, origem, tradição
Kūkulu kumuhana (havaiano): os bons desejos da *ohana*, uma bênção no *ho'oponopono*
La'akea (havaiano): luz divina
Lei (havaiano): círculo
Mahiki (havaiano): descascar camadas, discutir
Makia (havaiano): atenção
Makua (havaiano): pais, ancestrais
Mana (havaiano): energia, força vital
Mana aloha (havaiano): energia do amor
Mana Loa (havaiano): energia luminosa
Mana mana (havaiano): energia da vontade
Manawa (havaiano): momento de força
Manu (sânscrito): o grande pai da humanidade
Mihi (havaiano): desculpas, perdão recíproco
Noo noo (havaiano): consciência

Odem (hebraico): sopro divino
Ohana (havaiano): família, clã, tribo ou grupo semelhante a uma família
Oi'a'io (havaiano): a verdade absoluta, o espírito da verdade
Oikós (grego): casa
Oki (havaiano): finalmente desapegar-se de um conflito, já não precisar de algo
Pani (havaiano): revolver, resumo, refeição compartilhada
Peutein (grego): servir
Piha pono wai wai (havaiano): a lei da abundância
Pilikia (havaiano): estresse, problema, tragédia, drama
Pono (havaiano): correto, flexível, misericórdia
Pule (havaiano): conexão, oração
Theos (grego): deus, deusa, um ser sobrenatural
Tutu (havaiano): professor, mestre
Uhane (havaiano): o eu que fala, o eu intermediário, a consciência humana no estado de vigília
Unihipili (havaiano): o eu inferior, a criança interior, o subconsciente
Wai wai (havaiano): a vida como um rio corrente de riqueza material e espiritual

Agradecimentos

Inclino-me perante Deus, à criação e todos os meus mestres do passado, do presente e do futuro. Neste livro, gostaria em particular de agradecer ao historiador Dr. Sebastian Diziol, aos facilitadores de constelações sistêmicas Myra Maas, Hildegard e Alexander Schwaan e a Isolde Böttcher, minha professora de constelações sistêmicas. Um agradecimento muito especial a minhas famílias física e espiritual, e tenho imensa dívida de gratidão para com Andrea Bruchacova e toda a equipe da editora Schirner Verlag e Earthdancer.

Créditos das imagens

Fotos — páginas: 10, 16, 54-55, 69, 70, 87, 88, 136, 139 e 140 — Shutterstock.com